Herbert Thelesklaf

Blüten heilen Kinderseelen

unter Mitarbeit von:

Joanna Stadler

LAREDO VERLAG MÜNCHEN

Umschlaggestaltung: Barbara Klauer

Zeichnungen: Umschlag: Angelika Puschba Becker
Innenteil: Ingrid Bader
Druck und Herstellung: Loibl, Neuburg/Donau

Printed in Germany

ISBN 3-927518-02-6

*Unsere Kinder sind unser universeller Reichtum,
nicht unser Besitz.*
*Sie sind die Söhne und Töchter der Sehnsucht des
Lebens nach sich selbst.*
Sie kommen durch uns, aber nicht von uns.
*Wir sollten ihnen unsere Liebe geben und gute
reiche Gedanken.*
*Wir müssen ihren Körpern ein Zuhause geben und
ihre Seelen achten.*
*Wenn wir wollen, können wir uns bemühen zu
werden wie sie, aber wir dürfen sie nicht dahin
bringen wollen, zu werden wie wir.*
*Denn das Leben geht nicht rückwärts und hält
sich nicht auf beim Gestern.*

Frei nach Khalil Gibran.

Vorwort

In unserer technisierten Welt gibt es wenig, was je für das Kind so wohltuende Gefühle der Ehrfurcht, Hingabe und des Staunens in ihm wecken könnte wie die Welt der Pflanzen. In der Familie bekommt es oft nicht mehr die ausreichende Wärme und innere Sicherheit. Einseitige intellektuelle Forderung in den Schulen tut ein übriges, um künstlerische und moralische Werte auszudörren.

Aber aus all dem Negativen unserer Zeit einwickelt sich langsam ein neues Bewußtsein, das in Freiheit und Verstehen zu einem Miteinander mit der Natur kommen will. Die Therapie kleiner Kinder mit Blütenessenzen wird in den nächsten Jahren stark an Bedeutung gewinnen, denn allen Kindern tun die Essenzen wohl, aber am meisten solchen, die seelisch verletzt oder mißbraucht wurden.

Diese Blütenessenzen sind das Gegenteil von unterdrückend wirkenden biochemischen Psychodrogen, die das Kind nur äußerlich manipulieren. *Vielmehr befreien sie sein inneres seelisches Leben.*

Kindertherapeuten berichten daher, daß durch Blütenessenzen bei den kleinen Patienten sich ein gesteigerter Gefühlsausdruck, ein reicheres Innenleben der Phantasie und des Spielens und mehr innere Festigkeit und emotionale Harmonie einstellen.

Die Erfahrung mit der Blütentherapie zeigt mehrere Schlüsselbereiche des Heilens durch Blütenessenzen auf:

Gedeihen und wärmende Pflege

Kinder gedeihen in einer Atmosphäre von Liebe und menschlicher Wärme. Wo diese fehlen, können die Blütenessenzen seelische Wunden heilen helfen.

Selbstannahme und Selbstentfaltung

Das Kind inkarniert nur nach und nach in die Welt. Auf jeder Stufe muß es neu inneres Vertrauen erringen. Familiäre oder schulische Maßstäbe, die auf falschen Werten beruhen, vermitteln kein gesundes Selbstgefühl. Die Blütentherapie kann helfen, das Selbst strahlend und kraftvoll zu erleben.

Emotionale Integration und emotionaler Ausdruck

Kinder leben in einer viel farbigeren Gefühlswelt, als Erwachsene dies tun. Ein Kernstück der Arbeit mit Blütenessenzen besteht darin, das Kind zu befähigen, seine tiefen Gefühle wahrzunehmen und sie so ins Positive umzuformen, daß ein reich gestaltetes Gewand für seine Seele daraus gewoben wird.

Ätherische Kraft und ätherischer Schutz

In der technisierten Gegenwart gibt es viele nervöse, hyperaktive oder an Allergien erkrankte Kinder. Sie können in sich nicht zur Ruhe kommen oder innere Sicherheit fühlen. Anderen Kindern verkrüppelt eine harte und lebensfeindliche Umwelt die Seele. Da ist eine Behandlung mit Blütenessenzen meist sehr erfolgreich, um einen „psychischen Schild" ätherischer Kraft aufzubauen, der hilft, einen starken Kern für die Lebensbewältigung zu entwickeln.

In die Tiefe gehende Heilung

Therapeuten haben oft auch mit tief sitzenden Leiden des Kindes zu tun: Sprechschwierigkeiten, Regressionen, Autismus, Geburtsschäden, lebensbedrohende oder schwere psychische Krankheiten. Selbst hier bringen Blütenessenzen erstaunliche Hilfe, da sie tief zur Seele vordringen, oft auch im Verein mit anderen Therapien.

In der Blütenessenz–Therapie werden die Seelenkräfte der Pflanzen dem Menschen auf eindrucksvolle Art vermittelt. Wir alle brauchen diese mütterlichen Mächte, besonders unsere Kinder. Wir sind Herrn Thelesklaf, der unserem Werk seit mehreren Jahren mit großer Aufrichtigkeit und Einfühlsamkeit dient, sehr zu Dank verbunden und hoffen, daß sein Buch „Blüten heilen Kinderseelen" im Herzen und Handeln jedes Lesers einen besonderen Platz finden wird. Für die Welt des Kindes und die Botschaft der Blüten einzutreten, heißt beginnen, die Leiden unserer Zeit zu heilen.

Patricia Kaminski
Kodirektor
The Flower Essence Society
Nevada City, Kalifornien USA
April 1991

Inhaltsverzeichnis

Seite

Einführung 10
Blütenessenzen und Kinder 13
Die Anwendung bei Kindern 16
Die Auswahl von Blütenessenzen für Kinder 20
Die Gabe von Blütenessenzen 22
Blütenessenz-Zubereitungen für äußerliche Anwendung 24
Die Behandlungsdauer 26
Blütenessenzen für das werdende Leben, Geburt und Stillzeit 27
Blütenessenzen für Säuglinge und Kleinkinder 32
Blütenessenzen für Schulkinder und Kindergartenkinder 38
Blütenessenzen für Heranwachsende, Pubertät und Jugend 47
Blütenessenzen für Eltern 55
Hauptsächliche Entwicklungsprobleme, die durch
Blütenessenzen angesprochen werden 60
    Störungen der Mutter-Kind-Beziehung 60
    Emotionales Trauma 61
    Emotionale Empfindlichkeit oder Empfindsamkeit 62
    Furcht und andere Seelenstörungen 63
    Kinderkrankheiten 65
    Soziale Probleme 66
    Lernschwierigkeiten 68
Kurzbeschreibung der Qualitäten der Blütenessenzen 70
Wie werden Blütenessenzen hergestellt? 99
Die botanischen Namen der Blütenessenzen und ihre
    deutschen Entsprechungen 102
Fallstudien 106
Literatur
Adressen der Hersteller der Blütenessenzen

Einführung

Viele Übersetzungen des Lebenswerkes Dr. Bach's in verschiedene Sprachen sowie Werke anderer Autoren geben uns eine belegtes Wissen über das Wesen, die Wirkung und die Behandlung mit Blütenessenzen. Warum jetzt eine Buch mit dem Titel „Blüten heilen Kinderseelen?"

Es ist bekannt, daß die Blütenessenzen durch Dr. Edward Bach in den dreißiger Jahren entdeckt und entwickelt wurden. Er machte sie, als sich das Weltgeschehen in einem großen Umbruch befand. Die Menschen in dieser Zeit lebten in einer tiefen wirtschaftlichen und ideellen Depression. Vielleicht sind die hilfreichen Wirkungen der Blütenessenzen gerade solchen Zeiten nötig, um zu schützen, zu nähren und zu heilen, besonders die Neugeborenen.

Heute wiederum, einer Zeit der großen Wandlungen und Umwälzungen, erleben Blütenessenzen eine Renaissance und gewinnen stark an Bedeutung.

Dr. Edward Bach (1886 bis 1936) war in Großbritannien ein bekannter Arzt, Bakteriologe und Homöopath. Er entwickelte 7 Nosoden[1], die, abgewandelt, auch heute noch in Gebrauch sind. Im Jahre 1930 gab er, selbst 44-jährig, seine lukrative Praxis in der Londoner Harley Street auf, um sich fortan nur noch der Erforschung von Blütenessenzen zu widmen. Dr. Bach, Arzt aus Berufung, war einer der ersten Therapeuten, der „ganzheitlich" dachte und behandelte. Er betonte, wie wichtig es ist, die Persönlichkeit des Menschen zu verstehen, um die Behandlung einer Krankheit zu gestalten. Bei seiner Arbeit fand Dr. Bach, daß Krankheit häufig im seelischen Bereich

---

[1] Nosode: homöopathisch aus pathologischen Körperprodukten hergestellte und in höheren Potenzen zur Thererapie der gleichen Krankheit angewandte Arznei (z. B. Tonsillenexprimat), als Auto– oder als Hetero–Nosode (vom eignen bzw. fremden Körper).

beginnt, bevor sie sich körperlich zeigt und daß ein seelisches Ungleichgewicht den Gesundungsprozeß behindert. Getreu dieser Erkenntnis und dank seines fundierten botanischen und pharmakologischen Wissens schuf er ein einfaches System von 38 Blütenessenzen aus den Blüten nicht giftiger Pflanzen. Sein Wunsch war es, daß dieses System eines Tages jedermann zugänglich sei.

Dr. Bach teilte die Leidenden in 7 Gruppen ein:

1. Diejenigen, die Angst haben.
2. Diejenigen, die an Unsicherheit leiden.
3. Diejenigen, die ein ungenügendes Interesse an Gegenwartssituationen haben.
4. Diejenigen, die einsam sind.
5. Diejenigen, die gegenüber Einflüssen und Ideen anderer überempfindlich sind.
6. Diejenigen, die unter Mutlosigkeit und Verzweiflung leiden.
7. Diejenigen, die um das Wohl anderer zu besorgt sind.

Die von Dr. Bach gefundenen und erforschten Blütenessenzen können weder schaden noch zur Sucht führen. Sie werden jedoch nicht für körperliche Leiden verordnet, sondern nach der jeweiligen Verfassung und dem Gemütszustand des Patienten ausgewählt.

Viele Therapieformen werden durch Blütenessenzen unterstützt. Irgendwelche unangenehmen Wechselwirkungen oder Beeinträchtigungen sind nicht bekannt. Kranke brauchen ihre laufende medizinische Behandlung nicht zu verändern, weil die Blütenessenzen ordnend und ergänzend wirken. Es gibt jedoch Menschen, die auf die Behandlung mit Blütenessenzen nicht ansprechen, weil sie ihre „Krankheit behalten" möchten.

Blütenessenzen dienen als Spiegel, um uns und unsere Neigungen bewußter zu betrachten. Sie entsprechen archetypischen Zuständen und sind deshalb für alle Menschen gleichermaßen wertvoll. Ihre Wirkung liegt darin, daß sie die positiven Anlagen und Eigenschaften des Menschen stärken und die Persönlichkeitsentwicklung unterstützen.

Blütenessenzen sind daher besonders für das Kind von großem Nutzen, da es seinen Lebensweg noch vor sich hat.

Die Begleiter des Kindes auf seiner Reise zum „Erwachsen", die Eltern, Bezugspersonen oder Erzieher, bedürfen nicht selten auch der Hilfe der Blütenessenzen. Hier bietet sich ihnen eine große Chance, ihre eigenen Nöte und Zweifel abzubauen und ihre pädagogischen Fähigkeiten zum eigenen und zum Nutzen des Kindes zu erkennen, zu entfalten und zu festigen.

Vergessen wir aber nicht die vielen körperlich und geistig behinderten Kinder, unabhängig von Ursache und Art ihrer Behinderung. Diesen Kindern helfen die Blütenessenzen, ihren Lebensmut zu stärken, mit ihren Emotionen besser umzugehen und sie zu artikulieren, Zugang zur Umwelt zu finden und an ihr teilzuhaben, vorhandene Talente zu fördern und in der Zusammenarbeit kreativ auszudrücken.

Es gibt ein breites Spektrum von Reaktionen auf Blütenessenzen. Manche Therapeuten berichten von unmittelbaren und sichtbaren Ergebnissen. Andere berichten, daß nur sanfte Wechsel im Wohlbefinden und im mental-emotionalen Befinden wahrgenommen werden. Da Blütenessenzen zum Ändern des „inneren" Lebens genommen werden, werden ihre Wirkungen nicht vordergründig auf direktem Weg erfahren. Eher sind wir fähig, Wandlungen über einen längeren Zeitraum zu beobachten und bemerken dann subtile Veränderungen des Verhaltens, daher auch reale Änderungen im physischen Wohlbefinden. Deshalb sind Blütenessenzen einerseits so sicher, andererseits so wirkungsvoll. Sie wirken nicht biochemisch sondern als Schwingung.

Blütenessenzen und Kinder

Einige der bemerkenswertesten Fallstudien aus der Arbeit mit Blütenessenzen handeln von Kindern. Kinder sind eigenständige Persönlichkeiten. Sie sind für subtile Einflüsse noch offen und aufnahmefähig und haben einen Instinkt für Gesundung. Therapeuten berichten, daß Kinder auf Blütenessenzen sehr positiv ansprechen und häufig schneller als Erwachsene reagieren. Kinder selbst sind diesen „Tröpfchen" nicht abgeneigt und oft erinnern sie die Eltern daran, daß es Zeit wäre, sie einzunehmen. Es kommt auch immer wieder vor, daß ein älteres Kind später von sich aus auf den Therapeuten zugeht und erneut nach „Blüten" verlangt. Dies ist ein sicheres Zeichen für einen neuen Entwicklungsschritt.

Blütenessenzen sind Bindeglieder zwischen Natur und Mensch sowie zwischen Seele und Körper. Sie können zwar viele körperliche Beschwerden erleichtern, aber ihre besondere Wirkung erfaßt die feinstofflicheren Bereiche des menschlichen Seins, sie wirken über die Seele.

Die Natur ist mehr als eine bloße Ansammlung biologischer Prozesse. Ihr „Schoß" oder ihr „Mutterboden" ist eine Quelle des Lebens, die für die Nahrung des Seelenselbstes genauso notwendig ist wie für die des physischen Körpers. Besonders Kinder brauchen diese mütterlichen Kräfte der Natur. Sie behüten, nähren und führen das sich entwickelnde Wesen.

Die Blüte ist derjenige Teil einer Pflanze, in dem sie sich in Form, Farbe und Duft verwirklicht. Die Zartheit von Blüten deutet darauf hin, daß die Natur selbst beseelt ist. Sie scheint da zu sein, um eine Art Mantel für unser Wachstum und unsere Entfaltung zu schaffen.

So ist es wohl kein Wunder, daß Blüten die Grundlage für solch wirksame Mittel für Kinder – und des Kindes in jedem von uns – bilden.

In unserer modernen technologisch geprägten Zivilisation erleben die Kinder vermehrt ein Trauma, wenn sie in das Erdendasein eintreten, in dem die Natur zunehmend verändert und gestört ist. Es gibt viele Wege, Kindern zu helfen, ihre inneren Kräfte in der physischen Welt harmonisch zu entwickeln. Eine natürliche Therapie, die auf der „Muttersprache" der Erde gründet, ist sicherlich eine der sanftesten und angemessensten.

Besonders in der Therapie mit Kindern ist es wichtig, die Bedeutung der Seele zu verstehen. Während Kinder der physischen Statur nach klein sind und nur allmählich in den Stand kommen, die Kräfte des Körpers zu meistern, sollten wir uns eine vielgestaltige und faszinierend bunte geistige Welt vorstellen, die jedem Kind innewohnt.

Für Eltern und Therapeuten ist es wichtig, sich bewußt zu sein, vor welchen Entwicklungsschritten das Kind gerade steht. Obwohl viele Wissenschaftler zum Verständnis der besonderen Entwicklungsbedürfnisse des Kindes beigetragen haben, lehrte Dr. Rudolf Steiner[2] durch seine Arbeit, Einsicht in den Prozeß der Einwurzelung des Kindes in die menschliche Gesellschaft zu bekommen. Dr. Steiner ging davon aus, daß das menschliche Leben in Rhythmen von jeweils sieben Jahren fortschreitet.

Am entscheidendsten und bedeutungsvollsten sind die ersten sieben Jahre des Kindes. Freigesetzt aus der schützenden Umhüllung des Mutterleibes braucht das Kind eine harmonische, wärmende und nährende Umgebung. Durch Nachahmung und Wiederholung lernt das Kind seine Gliedmaßen zu gebrauchen und die Körperfunktionen zu kontrollieren. In dieser Zeit bildet es auch sein „Ich" und seinen eigenen Willen aus. Fehlt während dieser Periode die liebevolle Annahme durch das Umfeld, kann es zu einer ernstlichen Störung der Ausbildung eines gesunden „Ich's" kommen.

---

[2] Rudolf Steiner: Begründer der antroposophischen Denkweise und Gründer der Waldorf–Schulen.

14

Wenn das Kind etwa sieben Jahre alt wird, ist der erste Lebenszyklus beendet.

Etwa mit der Einschulung tritt das Kind in das zweite Jahrsiebt ein. Es wird herausgenommen aus den unmittelbaren Familienbanden, seiner überschaubaren Ordnung wie z. B. Kindergarten. Seine soziale Umgebung wird erweitert durch die Schule und es muß jetzt lernen, sich in größere soziale Gruppen einzuordnen, sich durchzusetzen und zu behaupten. Diese mittleren Jahre der Kindheit brauchen eine häusliche und schulische Umgebung, die mit künstlerischen Aktivitäten und sozialen Möglichkeiten gut ausgestattet ist und welche die Entwicklung eines reichen ausgeglichenen Gefühlslebens fördert.

Erst nachdem das Kind die Kräfte des physischen Körpers und seine Sympathien entwickelt hat, kann es nun in einer gesunden Weise im dritten Lebensjahrsiebt, dem Jugendalter, die Fähigkeit zum abstrakten Denken und selbständigen Urteilen richtig entfalten. Hier, mit etwa 14 Jahren, tritt der/die Heranwachsende in eine neue Phase, in der die intellektuellen Kräfte sich zeigen.

Schlußendlich mit etwa 21 Jahren, nachdem diese drei Sieben-Jahres Perioden harmonisch waren, kann man von einem Erwachsenen sprechen, der jetzt Denken, Fühlen und Wollen zusammenpassend ausdrückt.

Die Reise des Kindes durch die Lebensrhythmen ist ein umfassendes Thema, das hier nicht abgehandelt werden soll. Es bleibt jedoch zu hoffen, daß alle Eltern und Therapeuten sich mit diesem selbst näher befassen. Denn wenn wir uns ein Bild von dem jeweils „nächsten Schritt" in der Seelenentwicklung des Kindes machen und ihm mit Achtung und Mitgefühl begegnen, gelingt es uns Blütenessenzen zutreffend auszuwählen.

Zweifelsohne ist es unser aller Aufgabe, Kindern zu helfen und es ihnen zu ermöglichen, unbefangen und voll Selbstvertrauen durchs Leben zu gehen und die Anforderungen ihrer wechselnden Lebensstationen wie Kleinkindheit, Kindergarten, Schule, Berufsausbildung zu bestehen, um als Erwachsene auf die geschaffenen Fundamente bauen zu können und das Leben erfüllt zu meistern.

Die Anwendung von Blütenessenzen bei Kindern

Der Einsatz der Blütenessenzen sollte möglichst mit einer ganzheitlichen Behandlung des Kindes einhergehen, die eine vollwertige Ernährung, ein aufbauendes und liebevolles Heim- und Schulmilieu, Streßvermeidung und die richtige medizinische Betreuung einschließt.

Die Tatsache, ungefährlich und sanft zu sein, läßt sie oft auch zu einem unentbehrlichen Mittel in der häuslichen Vorsorge und Pflege werden.

Behandler sollten in der Regel die spezifischen Seelenqualitäten kennen, die die Blütenessenzen vermitteln. Es ist aber nicht nötig, die Blütenessenzen mit komplizierten Ausdrücken dem kleinen Patienten „erklären" zu wollen. Mit Kindern sollte man über die Blütenessenzen in einer Form sprechen, die es seiner Reife entsprechend versteht.

Viele kleinere Kinder sind von der Vorstellung gefesselt, Blütentropfen zu nehmen, die z. B. von „Feen" kommen.

Wir können, in der Tat, Blütenessenzen als eine geistige Botschaft der elementaren Welt sehen. Jeder Ausdruck einer negativen Neigung, die beim Kind behandelt werden soll, kann an Hand bildhafter Beispiele lebendig mit ihm besprochen werden. Eine gute Möglichkeit ist es, die Heilbotschaft einer Blütenessenz in eine Fabel zu kleiden.

Manche Eltern beschreiben, wie sie bei ihrem schlafenden Kind sitzen und eine „Unterhaltung" mit dem Schutzengel ihres Sohnes oder ihrer Tochter führen. Kreatives Spielen, Malen oder andere gelenkte, künstlerische Tätigkeiten können außerordentlich tiefe und klare Informationen über das Seelenleben des Kindes geben. Spielen ist die ernsthafte Auseinandersetzung des kleinen Kindes mit einem spontanen Akt des Erschaffens, in welchem das Kind archetypische Vorstel-

Bleeding Heart   *Dicentra formosa*   *Tränendes Herz*

lungsbilder benutzt, um mit den tiefsten Schichten des Selbstes zu kommunizieren.

Sehr hilfreich ist es, dem Kind die Bilder der Affirmationskarten der Flower Essence Services zu zeigen. Kinder fühlen dann oft eine Beziehung zu den Abbildungen der für sie wichtigen Blüte.

Die Auswahl von Blütenessenzen für Kinder

Von Praktikern werden verschiedene Methoden benutzt, um Blütenessenzen für Kinder auszuwählen, z. B.:
– die Anamnese des Kindes,
– das Gespräch mit dem Kind und die Beobachtung des Kindes,
– die Anamnese der Mutter,
– die Familienanamnese,
– das Gespräch mit Bezugs– und Erziehungspersonen,
– das Spiel mit dem Kind,
– die Medikamententestung (z. B. EAV u. a.)
– die Beachtung von Konstitution, Leitsymptomen und Modalitäten,
– die angewandte Kinesiologie (Muskeltest),
– radiästhetische Methoden,
– die intuitive/psychische Auswahl durch das Kind selbst.

Manche Praktiker arbeiten mit nur einer Methode, während andere verschiedene Methoden kombinieren oder je nach Patient die betreffende Methode wählen.

Wird z. B. das Gespräch mit dem Kind bevorzugt, ist es wichtig, eine Fragetechnik zu wählen und eine Atmosphäre von Vertrauen und ein Gefühl der Hilfe aufzubauen, die es dem kleinen Patienten ermöglichen, sich zu öffnen. Ähnlich wie bei Erwachsenen werden aber oft physische Probleme im Gespräch mehr im Vordergrund stehen als seelisch–geistige. Die beste Methode der Auswahl der Blütenessenzen wird sein, so klar wie möglich zu erkennen, welches die hauptsächlichsten Ausdrücke der Seele des Kindes sind und dann herauszufinden, durch welche Blütenessenzen diese gewandelt werden können.

Dann sollte man zentrale „Typenessenzen" zu bestimmen suchen. Eine der wichtigsten Aufgaben in der Blütenessenz–Beratung von Jugendlichen ist es, die Haupt–Lebenslektionen und das Lebensziel des Betroffenen zu finden und dann die Blütenessenzen zu geben, die helfen, dieses Ziel zu erreichen. Drei gute Fragen für den Anfang lauten: „Was ist mein Lebenszweck?", „Welche ist meine nächste Lebensstufe?", „Welche Lektion lerne ich gerade jetzt?". Allein dieser Anstoß führt zu einer bewußten gedanklichen Arbeit, so daß der Jugendliche beginnen kann, seine eigene Problematik differenzierter zu sehen und Prioritäten in seiner Entwicklung zu setzen.

Natürlich beschränkt sich die Wirkung einer bestimmten Blütenessenz nicht auf einen bestimmten Zeitraum im Leben denn jedes Thema kann auch bei Kindern vorkommen, auch ein Thema, das auf dem ersten Blick erstaunlich scheint. Z. B. berichtete ein Therapeut, daß ein fünfjähriger Junge über Monate hinweg das Willow–Thema (Hadern mit dem Schicksal) wählte. Man sollte sich deshalb möglichst frei machen von jeder Vorstellung, welche Themen „Kind–gemäß" seien.

Die Auswahl der Blütenessenzen ist für einige der mehr offensichtlichen Zustände oder für Notsituationen relativ einfach. Mehr Einfühlungsvermögen ist notwendig, wenn man sich tieferen Ebenen der Seele des Kindes nähert. Da die Blütenessenzen keine medizinischen Drogen sind, „überwältigen" sie auch nicht das Bewußtsein des Kindes. Vielmehr vermitteln sie eine Art archetypischen Bildes für sein inneres Leben.

In dem Maße, in dem das Mittel tatsächlich einem inneren Bedürfnis des Kindes entspricht, kann es auch äußerlich verwendet werden. Blütenessenzen stellen somit eine fundamentale Möglichkeit einer ungefährlichen, unaufdringlichen Therapie dar. Sie erfordern aber auch Verantwortung und mitfühlende Einsicht von dem, der die Mittel auswählt.

Die Gabe von Blütenessenzen

Blütenessenzen werden meist oral eingenommen. Man gibt mehrmals täglich vier Tropfen. Regelmäßiges rhythmisches Einnehmen baut die Wirkung der Blütenessenzen auf. Deren Wirksamkeit wird nicht dadurch gesichert, daß man die Menge der Tropfen erhöht, sondern dadurch, daß man sie regelmäßig und konsequent einnimmt.

Blütenessenzen sind in Vorratsflaschen (engl.: stock bottles) erhältlich. Vor der Einnahme werden sie verdünnt. Kinder akzeptieren die Wohltaten der Blütenessenzen mit größerer Bereitschaft als Erwachsene, weshalb die Wirkung meist auch schneller eintritt. Für Kinder genügen deshalb zur Zubereitung einer Einnahmeflasche meist ein 10 ml-Fläschchen, möglichst mit Glaspipette. Einer Glaspipette sollte man den Vorzug geben, da sich die Tropfen sicherer bemessen lassen. Ein zusätzlicher Vorteil ist darin zu sehen, daß Glas ein neutraler Werkstoff ist, welcher Substanzen nicht beeinflußt. Auch im Sinne der Umweltbelastung hilft Glas, Kunststoffabfälle zu vermeiden. Am be-sten ist es, für eine neue Kombination immer auch ein neues, sauberes Fläschchen zu nehmen. So wird nicht allein die Reinheit sichergestellt, sondern auch die neue Kombination in ihrer Zusammensetzung.

In das Glasfläschchen gibt man gewöhnlich ein bis zwei Tropfen der jeweiligen Blütenessenz aus der Vorratsflasche. Blütenessenz-Kombinationen sollten in der Regel aus nicht mehr als drei oder vier verschiedenen Einzelessenzen bestehen, um nicht zu viele Informationen gleichzeitig zu erhalten. Aufgefüllt wird mit einem guten stillen Mineralwasser. Kleine Gebrauchsflaschen für Kinder brauchen nicht unbedingt eine Konservierung, denn die Haltbarkeit der kleineren Menge der Zubereitung von 10 ml ist ausreichend lang, falls sie kühl gelagert wird. Sie sollte jedoch nicht im Kühlschrank aufbewahrt werden, denn die „Technik" könnte die subtilen Eigenschaften der Blütenessenzen stören. Sollte doch eine Konservierung gewünscht werden, so können auch ein paar Tropfen Apfelessig zugefügt werden. Vorratsflaschen halten bei geeigneter Lagerung unbeschränkt lang, wenn sie nicht für längere Zeit geöffnet bleiben, da dann der konservierende Alkohol verdampft. Empfehlenswert ist es, Vorratsflaschen kühl und dunkel aufzubewahren. Sollten Blütenessenz-Verdünnungen anfangen, einen sonderbar flachen Geschmack anzunehmen oder auszuflocken, verlieren sie ihren Wert. Alle Mittel sollten deshalb peinlich sauber behandelt werden. Vorrats- und Einnahmeflaschen sollen nicht offen stehen gelassen werden und möglichst nicht mit anderen Flächen wie den Händen oder der Mundinnenseite in Berührung kommen.

Nachdem die Blütenessenz-Gebrauchsflasche bereitet wurde und vor jeder Einnahme, kann man das Fläschchen rhythmisch schütteln oder leicht klopfen oder in Form einer liegenden Acht schwenken. Dies kann helfen, die Essenz zu „erwecken".

In den meisten Fällen werden Blütenessenzen viermal am Tag aus der Gebrauchsflasche eingenommen. Eine andere gute Möglichkeit der Einnahme besteht darin, ein bis vier Tropfen aus der Vorratsflasche direkt in ein Glas Wasser oder ein anderes Getränk zu mischen und es dann langsam, möglichst über den Tag verteilt, zu trinken.

Meist genügt es, für Kinder die allgemein übliche Einnahmemenge von vier mal täglich vier Tropfen auf zwei Tropfen vier mal täglich zu reduzieren. Eingenommen werden Blütenessenz-Verdünnungen etwa eine halbe Stunde vor dem Essen. Da sie zwischen Körper und Seele (oder inneres Selbst) eingreifen, sind auch die beiden „Schwellenzeiten" des Erwachens und Einschlafens sehr geeignet, da dies Zeiten sind, in denen die Grenzen zwischen Körper und Seele verschwinden.

In Notsituationen kann eine Dosis von zwei bis vier Tropfen stündlich, halbstündlich oder noch öfter gegeben werden, bis eine deutliche Besserung im Befinden des Kindes eintritt. Dann streckt man wieder die Gaben. Sind die Stimmungsschwankungen des Kindes besonders ausgeprägt, sollten die Blütenessenzen mit dem Wechsel der Stimmungen geändert werden.

Blütenessenz–Zubereitungen für äußerliche Anwendung

Blütenessenzen können direkt auf die Haut gegeben oder in Cremes, Lotionen, Öle oder Salben gemischt werden. Direkt aus der Vorratsflasche in ein warmes Bad gegeben, beruhigen und stärken sie das Kind. In solchen Fällen werden je nach Wannengröße zehn bis zwanzig Tropfen direkt aus der Vorratsflasche in das Badewasser gegeben. Für ein paar Minuten kann man das Wasser in Form einer Acht bewegen, um das Mittel optimal zu verteilen.

Besonders wohltuend kann man die Wirkung der Blütenessenzen, gebunden an natürliche Öle oder die Fertigzubereitungen der Blütenessenzöle *Calendula, Saint John's Wort, Dandelion* und *Mugwort* (Ringelblume, Johanniskraut, Löwenzahn und Beifuß) von den Flower Essence Services (FES) in Kalifornien, in einem Bad erfahren, in das man einen Teelöffel dieser Öle gibt.

Blütenöle sollte man erst unmittelbar vor dem Baden dem Wasser zugeben, um die flüchtigen Bestandteile nicht vorzeitig über die Verdunstung zu verlieren. Nachdem man das Blütenöl in das Wasser gegeben hat, verteilt man es vorsichtig mit der Hand. Dadurch bildet sich an der Oberfläche ein homogener Ölfilm, der beim Eintauchen die Haut überzieht.

Die Blütenessenzöle der FES eignen sich auch hervorragend als Massageöle. Das *Saint John's Wort*–Blütenöl muß vor Gebrauch verdünnt verwendet werden. Man mischt es zu gleichen Teilen mit einem neutralen Trägeröl, z. B. Weizenkeimöl, süßes Mandelöl, Jojoba– oder Avocadoöl. Blütenöle können bei Hautproblemen und in Erste Hilfe–Situationen direkt auf die Haut aufgetragen werden.

Die *Rescue Remedy* Creme. Diese milde Creme enthält die von Dr. Bach gefundenen Blütenessenzen *Clematis, Cherry Plum, Crab Apple, Impatiens, Rock Rose* und *Star of Bethlehem.* Sie wird in Notfällen wie Schreck, Angst, Spannung, Schock, Unfalltrauma und Schmerz verwendet und ist nicht zum täglichen, regelmäßigen Gebrauch bestimmt. Sie kann dünn auf Stirnseiten, Schläfen oder Nacken aufgetragen werden. Gerade für Kinder ist diese Applikationsform sehr angenehm.

Die *Self-Heal* Creme. Diese Creme wurde von den FES in Kalifornien zur äußeren Anwendung der *Self-Heal*-Blütenessenz entwickelt. Sie enthält Stoffe rein natürlichen Ursprungs und ist eine ausgezeichnete Basis-Creme für Blütenessenz-Kombinationen. Die Self-Heal Creme unterstützt und harmonisiert zusätzlich die Wirkung der Blütenessenzen, die gerade eingenommen werden. Sie wird angewendet bei kleinen Wunden, Schnitten und Quetschungen, leichten Ausschlägen, Verstauchungen und Verletzungen.

Die Behandlungsdauer

Blütenessenzen können in akuten Notsituationen gegeben werden. In solchen Fällen werden sie nur kurze Zeit genommen.

Die Dauer der Behandlung eines Kindes mit Blütenessenzen richtet sich nach seinen Reaktionen. Kinder sind normalerweise sehr offen und auch ehrlicher als Erwachsene.

Die Behandlung kann Tage oder Wochen dauern. Der gebräuchlichste Einnahmezeitraum ist der Vier-Wochen-Takt. Für besonders intensive Änderungen kann man einen Wochen-Zyklus in Erwägung ziehen. In dieser Zeit werden selbstverständlich die Blütenessenzen entsprechend den Wandlungen und den veränderten Lebensumständen des Kindes angepaßt. Es empfiehlt sich, Blütenessenzen einige Zeit, nachdem die positive Änderung eingetreten ist, weiterzugeben. Das ermöglicht eine Verankerung der „neuen Qualitäten".

Die Behandlung mit Blütenessenzen sollte den Entwicklungsprozeß des Kindes fördern. Manchmal ist es nötig, nach einem Jahr oder später die Behandlung wieder aufzunehmen, diesmal aber auf dem Entwicklungsstand, den das Kind inzwischen erreicht hat.

Blütenessenzen für das werdende Leben, Geburt und Stillzeit

Die Zeit, in der ein neues Lebewesen entsteht und die Geburt sind einschneidende Lebenserfahrungen, sowohl im Leben der Frau als auch für die ganze Familie. Für die Frau ist dies meist eine Zeit erhöhter Empfindsamkeit, Verletzlichkeit und wechselnder Gemütsverfassungen. Dies sind ganz natürliche Zustände einer werdenden Mutter. Heute steht aber eine werdende Mutter häufig großen Problemen gegenüber. Diese können ihre Reaktionslage übermäßig strapazieren. Blütenessenzen sind sehr hilfreich, um Konflikte lösen zu helfen und Gemütsverfassung auszubalancieren. Sie helfen, um geerdet zu sein, Schutz zu fühlen und emotionales Gleichgewicht zu erlangen. Wenn das Gefühl entsteht, die eigenen inneren Kraftquellen für die Mutterschaft würden bis über die Grenzen beansprucht, müssen Vertrauen und Glaube in der Seele geweckt und gestärkt werden.

Aloe Vera

hilft bei Erschöpfung nach einer Entbindung.

Aspen

wirkt der Furcht vor drohendem Unheil entgegen.

Bleeding Heart und Borage

haben sich als Mischung miteinander bewährt, um bei Verlust ungebore-nen Lebens innerlich die Trennung zu verschmerzen. Borage gibt Frauen Auftrieb, die während der Wehen entmutigt oder verzagt sind.

Calendula

fördert die innere Fähigkeit des Zu- und Hinhörens.

California Wild Rose

hilft bei drohender extremer Depression nach der Entbindung.

Cerato

um das Zutrauen zur eigenen Kraft zu entwickeln und um Mütter, die wegen zwingender Umstände alleinerziehen müssen, in ihrer Mutterschaft zu stärken.

Chamomile

glättet die emotionalen Hochs und Tiefs. Chamomile hilft, wenn die Mutter emotional aus der Fassung geraten ist. In Mischung mit *Yarrow* mildert sie extreme Überempfindlichkeit.

Cherry Plum

hilft Frauen, die sich überfordert fühlen, bei übermäßigen Gefühlsausbrüchen.

Corn

kann zur Erdung und zu innerem Gleichgewicht verhelfen, um in sich das archetypische Bild der Erde als Mutter zu beleben.

Forget-me-not

befähigt dazu, den Kontakt zur Seele des Kindes aufzunehmen.

Impatiens

beruhigt und entspannt den Körper bei Ungeduld.

Lavender

hilft bei nervösem Streß, Überempfindlichkeit und Schlaflosigkeit.

Mariposa Lily

hilft Frauen, ihre eigenen Ängste hinsichtlich der bevorstehenden Mutterschaft zu bereinigen und kann helfen, mit etwaigen unbewältigten Gefühlen gegenüber der eigenen Mutter ins Reine zu kommen.

Mimulus

kann Gebärenden helfen, die sich durch benennbare Ängste in Gemüt und Körper verspannen.

Mullein

hilft, mit seinen moralischen Werten Verbindung aufzunehmen, wenn man zweifelt, ob man ein Kind austragen soll.

Olive

hilft, die Müdigkeit wegen Schlafmangel zu überwinden. *Olive* hilft Müttern, ihre körperlichen Kräfte rasch wiederzuerlangen.

Penstemon

ist eine Blütenessenz für Schwangerschaften, in denen es Schwierigkeiten und Herausforderungen zu überwinden gilt, wo viel körperliche Überanstrengung oder andere Widrigkeiten auftreten. Sie gibt die innere Stärke zum Durchhalten.

Pink Yarrow

hilft bei Empfindlichkeit gegenüber den Emotionen anderer und bei Verletzlichkeit durch Einflüsse im eignen Heim oder an der Arbeitsstätte während der Schwangerschaft.

Pomegranate

kann vor und nach einer Schwangerschaft Frauen helfen, ihre Wahl zwischen den schöpferischen Polen von Karriere und Hausfrauendasein zu treffen. Sie ist besonders angezeigt, wenn sich größere Spannungen oder Konflikte in Bezug auf die Mutterschaft auftun.

Quince

hilft berufstätigen Müttern, die sich hin- und hergezogen fühlen zwischen ihrer Rolle zu Hause, wo sie das Gefühl der Empfänglichkeit und des Hegens entfalten möchten und „draußen in der Welt", wo sie stark und kompetent sein müssen.

Red Chestnut

ist nach der Entbindung gut, wenn man sich um das Kind allzusehr sorgt. *Red Chestnut* ist gut in Mischung mit *Star Tulip,* um positive, empfängliche Kräfte aufzubauen. Wer bei der Geburt anwesend ist, sollte Blütenessenzen wie *Red Chestnut* und *Red Clover* einnehmen. *Red Chestnut* ist eine bewährte Blütenessenz für jene, deren übermäßig Besorgtheit Mutter und Kind behindern können.

Red Clover

ist das Mittel der Wahl bei extremem Streß oder in Notlagen, wenn Hysterie und Panik um sich greifen.

Rock Rose

hilft bei plötzlicher Angst oder Panik.

Scleranthus

hilft gegen Zweifel und Unentschlossenheit bei vielen Veränderungen, die durch die Mutterschaft bewirkt werden. Es bringt inneren Gleichmut.

Walnut

gibt Frauen die Kraft, verschiedene Phasen der Schwangerschaft, der Geburt und des Stillens, reibungslos zu durchlaufen, ohne innerlich „hängenzubleiben".

Yarrow

schützt die werdende Mutter und das Ungeborene am Arbeitsplatz oder zu Hause vor negativen psychischen oder anderen schädigenden Einflüssen.

Yarrow Special Formula

ist eine besondere Zubereitung der Yarrow-Blütenessenz mit keltischem Meersalz. Sie hilft bei extremer Überempfindlichkeit gegen Einflüsse aus der Umwelt, auch gegenüber Gerüchen und Geschmacksempfindungen. Schützt Mütter, die am Arbeitsplatz oder zuhause negativen psychischen oder anderswie schädigenden Einflüssen ausgesetzt sind.

Blütenessenzen für Säuglinge und Kleinkinder

Häufig stellt sich die Frage nach der Wahl von Blütenessenzen für Babys und Kleinkinder, da diese wesentlich stärker als größere Kinder und Erwachsene an Emotionen leiden, ihre Gefühle aber noch nicht schildern können. Gerade in der frühesten Kindheit ist es wichtig, Bedrückungen und Ängste zu überwinden, um so ein gesundes, seelisches Rüstzeug für die kommenden Lebensjahre zu bilden.

Säuglinge und Kleinkinder erhalten Blütenessenzen meist in abgekochtem Wasser, in Milch, Tee oder Fruchtsaft.

Blütenessenzen sollten immer im Zusammenhang mit einer ganzheitlichen Behandlung des Kindes gesehen werden.

Agrimony

hilft Babys, die normalerweise glücklich und sonnig sind, sich aber nicht melden, wenn ihnen etwas fehlt.

Aspen

bei Furcht in Dunkelheit, Verlangen nach Licht während der Nacht, Schreien im Schlaf.

Beech

bei Kindern, die keine Veränderungen dulden und auf geringstem Anlaß extrem aggressiv reagieren.

California Wild Rose

hilft bei unzureichendem Interesse an der physischen Welt, was sich z. B. durch mangelnden Appetit äußert und bei apathischen, zurückgezogenen oder passiven Kindern.

Chamomile

hilft, um emotionale Spannungen abzubauen die sich z. B. in Schlaf- oder Verdauungsstörungen äußern können.

Cherry Plum

bei extremer Innenspannung, die sich häufig in Zerstörungswut, Umsichschlagen, Beißen, Spucken, Kratzen oder Weinkrämpfen entlädt; mildert extreme Trotzreaktionen.

Chicory

hilft Babys, die sehr mürrisch sind und oft erst dann zufrieden sind, wenn man ihnen übertriebene Zuwendung schenkt. Sie verlangen danach, daß die Menschen, die ihnen wichtig sind, sich ausnahmslos unentwegt um sie sorgen und immer für sie da sind.

Clematis

ist für Babys, die in einer anderen Welt zu leben scheinen und von nichts und niemandem Notiz nehmen. Diese Kinder schlafen viel und haben zuweilen nicht einmal an den Mahlzeiten Interesse.

Dogwood

hilft, wenn Störungen im Äther- oder Lebenskörper vorliegen. Diese Blütenessenz hilft bei Verhärtung der Gefühle infolge von Trauma, besonders nach emotionalem oder physischem Mißbrauch.

Impatiens

beruhigt Babys, die sehr ungeduldig sind und schnell in Zorn geraten.

Manzanita

hilft Kindern, sich leichter zu inkarnieren, besser von ihrem Körper Besitz zu ergreifen, besonders nach einem Geburtstrauma.

Mariposa Lily

bei fehlender Elternbindung, besonders zur Mutter. Diese Blütenessenz schafft Wärme und stärkt die positiven Kräfte der Kindheit. Sie ist nach Mißbrauch oder Mißhandlung, bei Verlassenwerden oder Scheidung der Eltern hilfreich.

Mimulus

ist dann angezeigt, wenn Kinder vor allem extreme Angst und Scheu haben z. B. vor zeitweiligem Alleinsein, vor Menschen und Tieren.

Pink Yarrow

bei Überempfindlichkeit in Familiensituationen, erschreckenden Ereignissen in der Familie und wenn ein Familiendrama vom Kind zu stark verinnerlicht wird.

Rock Rose

für Säuglinge und Kleinkinder, die durch plötzlichen Schreck „erstarren", extrem heftig zittern oder außer sich geraten.

Saint John's Wort

bei Furcht vor der Dunkelheit oder anderen damit verbundenen Schlafstörungen (z. B. Bettnässen) und bei Überängstlichkeit.

Borage   *Echter Boretsch*   *Borago officinalis*

Star of Bethlehem

hilft Kindern, die sich schwer trösten lassen wollen, Kindern, die sich von Schreck, Furcht, Angst, Trennung, Verlust oder anderen schmerzlichen Empfindungen nur sehr langsam erholen.

Stinging Nettle

lindert allen emotionalen Streß, verursacht durch ein zerbrochenes Elternhaus, besonders für Adoptivkinder.

Yerba Santa

für ein sanftes Lösen festsitzender Melancholie oder bei extremer Weh- und Schwermut. Hilfreich, um ausatmen zu können.

Walnut

hilft bei allen Veränderungen, seelischen, räumlichen und körperlichen, wie z. B. beim Zahnen.

Zinnia

für zu ernsthafte Kinder, um Humor und Leichtigkeit zu gewinnen und wieder herzhaft lachen und sich freuen zu können.

Blütenessenzen für Schul- und Kindergartenkinder

Blütenessenzen sind ungefährlich und wirken sanft. Damit sind sie auch ideale Hilfsmittel für Schulkinder. Viele Eltern und Kindertherapeuten erfahren, wie schnell die Kinder auf die Essenzen ansprechen. Dies kommt vermutlich daher, daß sie weniger „Filter" als Erwachsene haben und mit Leichtigkeit die formenden und stärkenden Kräfte der Blütenessenz aufnehmen können. Im folgenden sind Essenzen angeführt, die von vielen Anwendern als besonders hilfreich und geeignet für Schul- und Kindergartenkinder geschildert wurden.

Agrimony

erleichtert Kindern, Kümmernisse zu vergessen und rasch wieder fröhlich und heiter zu sein. *Agrimony* hilft auch bei Sorge über die Schularbeit.

Arnica

löst Schock und Trauma auf, so daß das Kind nach einer erschreckenden Erfahrung vollkommen „in den Körper zurückkehren" kann. Es hilft dann besonders, wenn körperliche Verletzung oder Streß dazukommen. Auch zur Nachbehandlung nach Notsituationen leistet es gute Dienste.

Aspen

hilft gegen die „Furcht vor dem schwarzen Mann" und gegen Alpträume.

Beech

ist hilfreich bei Geschwister-Konflikten, wenn ein Kind intolerant und verurteilend ist.

Blackberry

ermuntert das Kind, mehr Interesse zu entfalten und Aufgaben in der Schule anzupacken. *Blackberry* wirkt als Katalysator auf den Willen.

Black-Eyed Susan

hilft dem Kind, all seine inneren Regungen kennen- und damit umgehen zu lernen.

Buttercup

hat einen Bezug zu Schüchternheit bei Kindern. Diese Blütenessenz hilft, das innere Licht „herauszuziehen" und Bindung an andere in Gruppen herzustellen und befähigt, neue Situationen in der Schule anzunehmen.

California Wild Rose

hilft Kindern, die schon in frühen Jahren die Begeisterung für die Lebensreise verloren haben, noch bevor sie richtig begonnen hat. Diese Kinder sind oft intelligent und talentiert, aber sie können häufig in der Schule nicht bestehen. Hausaufgaben werden zur Last und scheinen sie zu langweilen. *California Wild Rose* flößt diesen Kindern ein Gefühl von Vitalität und positivem Interesse an der Welt ein.

Centaury

hilft Kindern, die zu schüchtern oder zu fügsam sind, um gesunde Ich-Kräfte zu entwickeln. *Centaury* hilft schwachen Kindern, sich durchzusetzen.

Cerato

ist hilfreich für Kinder, die in der Schule aus Selbstzweifel heraus Richtiges durch Falsches ersetzen.

Chamomile

bewährt sich in einer Vielfalt von Situationen, bei denen Gefühle entgleisen und Übersensitivität herrscht. Es ist eine ausgleichende und beruhigende Essenz für das hyperaktive oder quengelige Kind. *Chamomile* hilft Kindern, die emotional sehr aufgewühlt sind und viel schreien. Es beruhigt und fördert den Schlaf und die innere Sammlung und läßt Kinder ihre Alltagssorgen besser verkraften. *Chamomile* baut ein sonnenhaftes inneres Gefühl des Wohlseins auf.

Cherry Plum

bei überschießenden Trotzreaktionen. *Cherry Plum* hilft auch Kindern, die Kontrolle über ihre Gefühle wiederzugewinnen, sowie bei Verzweiflung und Suizidneigung.

Chestnut Bud

für Kinder, die sich festfahren und ihre Lektion ständig wiederholen müssen. Sie ist Kindern, die sich beim Lernen schwer tun, eine Lernhilfe.

Chicory

ist für das übermäßig abhängige und fordernde Kind, das andauernd Aufmerksamkeit beansprucht, oft gereizt oder innerlich anklammernd ist. *Chicory* hilft Kindern, die mürrisch sind, zufrieden zu werden.

Clematis

ist eine Blütenessenz für das Kind, das in der Schule tagträumt, dessen Aufmerksamkeit anderswo ist. *Clematis* hilft Vertrauen aufzubauen und bei Gedächtnisverlust.

Crab Apple

hilft Kindern, die sich zwanghaft mit Unreinem und Unvollkommenem beschäftigen.

Dill

gegen Überwältigtsein durch einen langen Schulweg und durch das Stadtleben; für Kinder, die extrem vielen Sinneseindrücken ausgesetzt sind und dadurch unter Rastlosigkeit und Schlaflosigkeit leiden.

Dogwood

ist besonders gut für die therapeutische Arbeit mit physisch mißbrauchten oder vernachlässigten Kindern und für Kinder, die ihre Emotionen verhärtet oder zäh gemacht haben, um sich zu schützen. *Dogwood* hilft diesen Kindern, harte, trostlose Lebensumstände leichter zu ertragen.

Elm

für Kinder, die durch Überladung von zu vielen Aufgaben z. B. Vereine, Sport überfordert sind und vorübergehende Unzulänglichkeitsgefühle entwickeln, die meinen, nicht noch mehr schaffen zu können.

Garlic

für Mut, Dinge anzupacken, für offenes Sprechen, für Zuversicht in das eigene Talent, bei starker Nervosität und Ängstlichkeit.

Gentian

hilft Kindern, die unentschlossen sind und leicht den Mut verlieren.

Holly

wird eingesetzt, um Eifersucht und Neid zu behandeln. Besonders bei Kindern bekämpft es Geschwister-Rivalitäten und kindliche Eifersucht. *Holly* hilft, wenn ein kleines Geschwisterchen geboren wird und das Kind meint, nun selbst zu wenig Aufmerksamkeit zu bekommen.

Honeysuckle

ist gut für das Kind, das heimwehkrank wird, auch wenn es nur kurzzeitig von zu Hause fort ist. Diese Blütenessenz hilft auch, sich von vergangenen Erlebnissen zu lösen.

Impatiens

hilft Kindern mit jähem Temperament, die leicht frustriert sind. Es sind die typischen cholerischen Kinder, die zu Überaktivität und Stürmischsein neigen.

Iris

ist eine Blütenessenz für kreative Kinder, die im allgemeinen unterdrückt werden. Sie ist eine ausgezeichnete All-Round-Blütenessenz für Kinder im Schulalter, um eine reiche Innenwelt künstlerischen Fühlens zu entwickeln. Sie ist für Kinder angezeigt, die sich in ihren künstlerischen Bemühungen frustriert fühlen oder deren Empfindsamkeit sich auf irgendeine Weise abstumpfte.

Larch

hilft Kindern mit mangelndem Selbstvertrauen und gestörtem Selbstausdruck. Diese Blütenessenz fördert positiven Ausdruck und flößt

Vertrauen zu sich selbst ein. *Larch* wirkt gegen schulische Versagensangst.

Mallow

hilft schüchternen Kinder, denen es schwerfällt, Freunde zu finden.

Mariposa Lily

wirkt umfassend und hilft vielen Kindern, die keine richtige Bindung entwickelt haben und nach einer von zwei extremen emotionalen Richtungen neigen: entweder zu Kälte des Gefühlslebens oder zu extrem regressiver Abhängigkeit, die für ihr Alter unangemessen ist. Diese Essenz schafft eine mütterliche Kraft der Liebe.

Mimulus

hilft bei Schüchternheit und Scheu, Schulangst, die sich z. B. durch Stottern ausdrückt.

Mustard

ist hilfreich bei immer wiederkehrenden unerwarteten düsteren Depressionen und Schwermut ohne erkennbaren Grund.

Pink Yarrow

ist eine Blütenessenz für Kinder, die verwundbar sind und leicht durch ihre Umwelt angegriffen werden. Diese Blütenessenz ist speziell angezeigt bei Kindern, die sofort die emotionale Energie einer Situation widerspiegeln, so als hätten sie sie in ihr eigenstes Wesen aufgesaugt. *Pink Yarrow* schützt das Kind bei erschreckenden Ereignissen wie Streit.

Rescue Remedy^R

ist eine Kombination aus *Impatiens, Clematis, Rock Rose, Cherry Plum* und *Star of Bethlehem*. Diese Mischung bringt fast sofortige Beruhigung in vielen Notsituationen. Sie ist gut für die Erste Hilfe bei Unfällen, die tagtäglich bei Kindern auftreten können. Sie sollte jedoch nicht generell für eine tägliche therapeutische Behandlung eingesetzt werden.

Rock Rose

hilft bei panischer Angst.

Saint John's Wort

hilft gegen viele Ängste bei Kindern, besonders die Furcht vor der Nacht und gegen Angstträume. Diese Blütenessenz ist gegen Bettnässen angezeigt. Sie kann in Salben, z. B. in die *Self–Heal* Creme der FES, gegeben werden und abends auf die Innenseite der Oberschenkel und um die Blasengegend eingerieben werden. *Saint John's Wort* hilft übermäßig ängstlichen und nervösen Kindern.

Scleranthus

für unentschlossene Kinder, die zögern, etwas zu tun. *Scleranthus* stabilisiert die Stimmungslage.

Self–Heal

ist fähig, die Selbstheilungskräfte des Kindes zu wecken und anzuregen. Sie unterstützt das Kind dabei, mit seinen inneren Heilkräften eine Verbindung herzustellen und das seelische Gleichgewicht wiederzuerlangen. Sie prägt das Selbstbewußtsein aus und ist eine wichtige „Brücken"-Essenz in Blütenessenz-Kombinationen. Die Self-Heal-Blütenessenz verbindet emotionale Muster und führt das Kind zum Herzstück seines Selbstes. Sie ist eine Essenz zur Abrundung Blütenessenz-Kombinationen.

Shooting Star

für Kinder, die abrupt ins Erdenleben eintraten.

Star of Bethlehem

für dünnhäutige Kinder, denen Hänseleien, Drohungen, schlechte Noten zu sehr unter die Haut gehen. Für schnelle Erholungsfähigkeit.

Stinging Nettle

bei Geschwisterrivalität und zerrissenen und zerstrittenen Familienverhältnissen.

Sunflower

bei Konflikten mit dem Vater oder mit Autoritätspersonen.

Trumpet Vine

hilft Kindern mit Sprachschwierigkeiten oder gestörtem Selbstausdruck. Diese Blütenessenz verhilft zu positivem verbalen Ausdruck und flößt Vertrauen zu sich selbst ein.

Vervain

hilft überdrehten Kindern, die „kein Ende finden".

Violet

hilft bei Schüchternheit und der Sorge, in einer Gruppe sein Selbst zu verlieren.

Walnut

hilft bei jeder Art von Neubeginn und Wechsel z. B. Einschulung, Wohnortswechsel, Klassenwechsel oder Lehrerwechsel um bei vorübergehender Verunsicherung sich selbst treu zu bleiben.

White Chestnut

hilft Kindern, die über ihre Gefühle nicht sprechen wollen oder können. Sie verheimlichen Hänseleien, die sie erleiden. Der „Hamster im Tretrad", der gedanklich nicht zur Ruhe kommt. *White Chestnut* hilft bei Nachtwandeln und steigert die Konzentration.

Wild Rose

hilft bei Teilnahmslosigkeit und Apathie, wenn das Kind das Interesse am vitalen Leben und sogar an seinen Hobbys verloren hat.

Willow

hilft Kindern, die stets Umständen, Dingen und Personen die Schuld zuweisen, für ihr Tun selbst einzustehen und ihr Leben selbstverantwortlich zu gestalten.

Yarrow

stärkt das Kind, das zerstreut und entkräftet ist. *Yarrow* kann besonders hilfreich bei Sozialkonflikten sein.

Yerba Santa

Bei „sich erdrückt fühlen" und bei verinnerlichter Traurigkeit durch zu viele Menschen.

Zinnia

damit die Kindheit fröhlich und unbeschwert erlebt wird.

Essenzen für Heranwachsende, Pubertät und Jugend

Das Jugendalter ist die Zeit in der menschlichen Entwicklung, in der Denken, Handeln und Fühlen in Einklang kommen sollen. Das ist eine Entwicklungsphase, die oft der Blütenessenzen bedarf. Dies kann die Zeit sein, in der die jungen Leute oft nicht willens zu innerer Arbeit sind und dazu, ihr Gefühlsleben offen und frei mitzuteilen. Sehr gute Fähigkeiten in der Gesprächsführung, im Zuhören und im Beraten sind besonders bei der Arbeit mit Heranwachsenden von großem Nutzen.

Die Anwendung einer Blütenessenz beschränkt sich nicht auf ein bestimmtes Lebensalter und jede Blütenessenz kann in einer besonderen Lebenslage eines Kindes und Jugendlichen wichtig sein und beide in ihrer jeweiligen Situation fördern.

Wann immer Sie die Gelegenheit haben, jemandem aus dieser Altersgruppe mit Blütenessenzen zu helfen, sollten Sie unter anderem die folgenden Essenzen in Erwägung ziehen wollen. Durch ihren archetypischen Ausdruck finden Sie den Schlüssel zu der Welt des Kindes und können dann die wichtigen Blütenessenzen erkennen und in der Behandlung einsetzen.

Aloe Vera

wenn man an die eigenen Grenzen geht und sich dabei total erschöpft durch das Ausprobieren aller eigenen Möglichkeiten.

Bleeding Heart

bei „Verknalltsein", dem Schmerz, sich zu verlieben und gebrochenem Herzen nach einer Liebesbeziehung.

Buttercup

bei Pubertätsproblemen durch Schüchternheit.

California Pitcher Plant

wenn Verstand und Gefühl auseinanderdriften.

California Poppy

um nicht in Drogen abzugleiten, bei Wirklichkeitsflucht und um vom Glanz „unechter Hochs" abzulassen.

California Wild Rose, Wild Oat und *Scotch Broom*

ist eine gute Mischung bei tiefsitzenden Gefühlen der Entfremdung, die in jungen Menschen so häufig vorherrschen. Sie hilft gegen das Gefühl: „es hat keinen Zweck" – dem Mangel an Interesse an einer Berufung im Beruf. *Gentian* kann der Mischung zugefügt werden gegen Gefühle der Verzweiflung und Destruktivität.

Chamomile

bei raschen Stimmungswechseln und emotionaler Launenhaftigkeit. Diese Blütenessenz hilft, mehr Gleichgewicht ins Gefühlsleben zu bringen.

Crab Apple

wenn der junge Mensch z. B. wegen Akne sich selbst verabscheut oder Gefühle hegt, in denen er sich selbst verurteilt, besonders auch beim Gefühl, häßlich zu sein.

Dill

bei Nervosität durch Veränderung des Selbstes und der Lebensumstände. Zur Neuorientierung.

Fairy Lantern

hilfreich in manchen Fällen verspäteter Pubertät, langsamer oder verzögerter Reife, bei Neigung, ein „kleines Mädchen" oder ein „kleiner Junge" bleiben zu wollen, wobei vielleicht Kindheitsprobleme noch nicht voll durchgearbeitet sind. Diese Blütenessenz kann Mädchen bei unregelmäßiger oder verzögerter Menstruation helfen oder bei Magersucht.

Garlic

bei blassem Aussehen, Schwäche und schwacher Immunreaktion.

Golden Ear Drops

Um sich leichter von der Kindheit lösen zu können.

Goldenrod

wenn man leicht durch Gruppendruck beeinflußbar ist, bei falscher Selbstdarstellung in Gruppen oder auch, wenn man durch abstoßendes Verhalten Aufmerksamkeit erringen will.

Goldenrod, Sagebrush und Walnut

spricht die notwendige Ausbildung der Individualität an, befreit vom Einfluß der Identifizierung mit Gleichaltrigen und hilft, den eigenen, wahren Weg zu gehen.

Heather

bei zu starker Beschäftigung mit sich selbst und gegen die Neigung, sich nach innen zu wenden und dabei sich vom wirklichen Kontakt mit anderen zurückzuziehen; bei Neigung zum „Weggetretensein".

Holly

bei Rivalität und Eifersucht unter Geschwistern und wenn Kinder das Gefühl haben, die Liebe reiche nicht für alle. Bei dem Gefühl des Eingesperrtseins, das sich negativ auf Familie und Schule auswirkt.

Holly und *Willow*

gegen innerlich gärenden Groll und Bitterkeit und bei aufgestauten Emotionen, die sich negativ im Familien- und sozialen Leben aus-drücken.

Larch

zur positiven Verbindung von kreativen und sexuellen Kräften, ver-bunden mit dem Stimmbruch bei Jungen und um allgemein Zuversicht aufzubauen.

Mallow

Gegen Selbstisolation und gegen das Gefühl sozialer Unsicherheit und Gruppendruck von seiten Gleichaltriger. Diese Blütenessenz hilft bei Trauma im Anbahnen von Freundschaften und in dem Bemühen, sozial „akzeptiert" zu werden. Sie ist auch gut in Mischung mit *Red Clover* und *Goldenrod,* um den jungen Jugendlichen zu helfen, unabhängiger vom Gruppendruck Gleichaltriger zu handeln. *Sweet Pea* kann mitverwendet werden, wenn der Jugendliche sich als Außenseiter in Familie und/oder Gemeinde bzw. Gemeinschaft fühlt.

Manzanita

um die körperlichen Umwandlungen leichter zu bewältigen und sich darüber zu freuen. Diese Blütenessenz hilft, wenn Widerwille gegen den Körper besteht, bei zwanghaften Eßgewohnheiten, Aneroxia nervosa (Magersucht).

Mariposa Lily

um stürmische Zeiten mit der Mutter oder anderen Frauengestalten heilen zu helfen und um in sich selbst die aufbauende, nährende weibliche Seite zu finden. Diese Blütenessenz ist allgemein nützlich bei zu früher Reife, bei zu schnellem Eintritt der Pubertät. Sie hilft bei dem allmählichen Übergang von der Kindheit zum Erwachsensein.

Penstemon

bei Widrigkeiten und Prüfungen und gegen das Gefühl, in der Schule oder im Sport „nicht gut genug" zu sein und zurückgesetzt zu werden. Diese Blütenessenz gibt den Mut und die Durchhaltekraft „es nocheinmal zu versuchen".

Pink Yarrow

bei Überempfindlichkeit in Familiensituationen und wenn ein Familiendrama vom Kind zu stark verinnerlicht wird.

Pink Monkeyflower

kann hilfreich sein bei gewissen Ängsten vor der Sexualität, besonders bei dem Gefühl der Scham, bei der etwas verborgen oder zugedeckt werden soll.

Pomegranate

beim Einsetzen der Menstruation bei jungen Mädchen und als Hilfe, daß die neuen Gefühle weiblicher Sexualität den ihnen zustehenden

Platz finden. Diese Blütenessenz hilft bei der Abnabelung von der Mutter und der Entwicklung der weiblichen Identität.

Saguaro

Bei Auflehnung und Rebellion gegen „die Erwachsenen", wenn jedem, der „Autoritätsfigur" ist, mit Widerstand begegnet wird.

Sticky Monkeyflower

wenn die neu erwachenden sexuellen Gefühle als peinlich empfunden werden und bei Furcht vor Sexualität und Intimität. Diese Blütenessenz hilft, körperliche Umwandlungen leichter zu bewältigen.

Stinging Nettle

für Jugendliche die aus zerrütteten Familienverhältnissen stammen, um die Vorbelastungen abzubauen.

Sunflower

um den keimenden Ich-Kräften dazu zu verhelfen, zu einer gesunderen Bewußtheit des Selbstes zu kommen und für eine positive Entwicklung der männlichen, Ich-gesteuerten Kräfte. Diese Blütenessenz kann bei Konflikten mit dem Vater oder mit männlichen Autoritätspersonen hilfreich sein.

Sweet Pea

um den eigenen Stellenwert zu erkennen und anzunehmen.

Yerba Santa

um ein Trauma, das man in sich zurückhält, sanft zu lösen, besonders bei Atmungstrauma. Diese Blütenessenz hilft bei Melancholie oder Schwermut.

Calendula   *Calendula officinalis*   *Echte Ringelblume*

Blütenessenzen für Eltern

Die Elternschaft konfrontiert Eltern mit mannigfaltigen Problemen. Hier werden nur einige Themen behandelt, die direkt auf die seelische Beziehung zwischen Eltern und Kindern zielen.

Arnica, Self-Heal und *Mariposa Lily*

eine ausgezeichnete Kombination, die sofort nach der Entbindung gegeben werden kann, um die Heilung von Schock oder physischem Trauma zu unterstützen, welche sowohl die Mutter als auch der Vater durchgemacht haben könnten und um den Vorgang der Mutter–Kind–Bindung zu unterstützen.

Aspen und *Walnut*

Die Blütenessenz *Aspen* hilft Müttern und Vätern mit der „Angst vor dem Unbekannten" fertigzuwerden, besonders mit der Nervosität und Erwartung, die mit der Geburt eines Kindes einhergeht. Die Blütenessenz *Walnut* gibt den Eltern Kraft, wenn sie durch die verschiedenen Entwicklungsphasen der Schwangerschaft gehen, aber auch während der weiteren Lebensschritte ihrer Kinder.

Beech

für Eltern, die aus Mangel an Toleranz ihre Negativität auf Kinder übertragen, unentwegt übertrieben tadeln, kritisieren und die kleinen und großen Fehler ihrer Kinder schwer vergeben können, die ihre Kinder verurteilen und hart bestrafen.

Bleeding Heart

für Eltern, die ihr Kind verloren haben, aber auch für diejenigen, die ihre Kinder nicht loslassen können und aus übertriebener Liebe ihre Kinder nach ihren eigenen Vorstellungen in soziale Positionen wie Beruf, Ausbildung oder sportlichen Ruhm drängen.

Borage

für Eltern, die in ihrer Erziehungsaufgabe leicht entmutigt sind, für mehr Leichtigkeit und Fröhlichkeit.

Calendula

für Eltern, die dazu neigen, ihre Kinder verbal zu verletzen und zu demütigen; hilft Paaren, den Entschluß zu fassen, ein Kind zu zeugen.

Chamomile

Wenn das Kind größer wird, sollten sich die Eltern ihr eigenes emotionales Leben bewußt machen, das das Kind oft spiegeln wird. *Chamomile* ist wohltätig für beide Seiten.

Cherry Plum

für Eltern, die aus Überforderung Angst davor haben, ihre Selbstkontrolle zu verlieren.

Crab Apple

für Eltern, die Widerwillen gegenüber ihren Kindern entwickeln, die sich der Unvollkommenheiten ihrer Kinder schämen.

Elm

für Eltern, die sich vorübergehend durch ihre Führerschaft überwältigt fühlen und die Angst haben zu versagen.

Holly

für Eltern, die die Gefühle von Groll und Eifersucht schwer überwinden können.

Hornbeam

für Eltern, die durch Müdigkeit und tägliche Erschöpfung ihre Aufgabe
nicht erfüllen können; bei Schwerfälligkeit.

Impatiens

für alle Eltern, um Geduld aufzubringen für ihre Kinder und die
Erziehung, für geduldiges Zuhören, Toleranz, gegen Gereiztheit und
Rastlosigkeit.

Indian Pink

um in chaotischen Situationen leistungsfähig zu bleiben, wenn viele
Anforderungen auf einmal gestellt werden; um gelassen und gesam-
melt zu bleiben inmitten von verstärkter Aktivität und Bewegung.

Larkspur

um gerecht und freudig führen zu können; für Großmut, Uneigennüt-
zigkeit und positive Verantwortung.

Lavender

besänftigt „überstrapazierte Elternnerven".

Mimulus

bei Existenz- und Zukunftsangst.

Olive

hilft Müttern und Vätern, tiefe Müdigkeit und Streß leichter durch-
zustehen.

Penstemon

für Elternschaft, die durch harte äußere Umstände, körperliche Mühsal,
schwere persönliche Beziehungen und Berufssituationen hart auf die
Probe gestellt wird; für innere Stärke.

Quince und *Walnut*

für die schwierigen Phasen nachgeburtlicher Depression und Entwöh-
nung des Kindes zum Aufbauen der Seelenstärke in der Mutter, so daß
sie einen positiven Übergang vollziehen kann, der den Entwicklungsprozeß von beiden, Mutter und Kind, voranbringt.

Red Chestnut

für die Mutter oder den Vater, die vielleicht zu ängstlich oder übermäßig besorgt um ihr Baby sind; für mehr positive Gelassenheit

Red Clover

ist hilfreich in emotional geladenen Familiensituationen.

Rescue Remedy[R]

ist während des Geburtsvorganges von großem Wert. Diese Blütenessenz ist angezeigt für Notsituationen oder in gespannten, schmerzhaf-
ten Situationen, welche alle Stärke und Kraft der Mutter, der Helfer
und anderer Beteiligter erfordern.

Scleranthus

um vertrauensvoll Entscheidungen für die Kinder treffen zu können,
z. B. hinsichtlich Betreuung, Schulform, Ausbildung, Sport u. ä.

Stinging Nettle

für getrennt lebende Eltern und Adoptiveltern, um die Gefühls-
wallungen zu lindern.

Willow

für Eltern, die dazu neigen, ihr eigenes persönliches Versagen der
Existenz ihrer Kinder anzulasten.

Yarrow Special Formula

Für Eltern, die vielen negativen Einflüssen von außen ausgeliefert sind,
um für sich und ihre Kinder ein positives Schutzfeld zu schaffen.

Hauptsächliche Entwicklungsprobleme, die durch Blütenessenzen angesprochen werden

Störung in der Mutter–Kind–Bindung oder Geburtstrauma

Mehrere Essenzen aus dem Buch „Blütenessenzen – Repertorium ihrer Wirkungsweisen" ISBN 3–927518–00–X, Übersetzung des „Flower Essence Repertory" der FES in Kalifornien, (erschienen im Laredo Verlag D–8000 München 81) haben sich für Kinder, welche keine ideale Geburt auf unserem Planeten Erde hatten, als bemerkenswert wohltuend erwiesen.

Von diesen Mitteln genießt die Blütenessenz *Mariposa Lily* das höchste Ansehen. Diese zarte weiße Lilie wächst in rauher, felsiger, alpiner Gegend und wird deshalb oft die „Madonna der Felsen" genannt. Sie hat die Fähigkeit, jungen Seelen, denen es nicht beschieden war, die rechte mütterliche Fürsorge und Bindung an die Mutter zu erhalten, Wärme und Nahrung zu bringen.

Mariposa Lily

Fallstudien über die Blütenessenz *Mariposa Lily* zeigen, wie vielfältig sie eingesetzt werden kann: Nach einer Geburt durch Kaiserschnitt, während eines Krankenhausaufenthaltes, bei Trennung des Kindes von der Mutter im Säuglingsalter, für Kinder die nicht gestillt werden können, für Kinder, die mißbraucht, mißhandelt oder verlassen wurden oder die Opfer einer Scheidung der Eltern oder von ehelichen Auseinandersetzungen sind oder Kinder, die behindert zur Welt gekommen sind.

California Wild Rose

hat besondere Qualitäten der Stärke. Sie hilft dem Kind, den physischen Körper beim Vorgang der Inkarnation „anzunehmen". Kindern, die mit schwachen körperlichen Kräften geboren werden oder Kindern, die früh im Leben schwere körperliche Krankheiten durchstehen müssen, hilft *California Wild Rose,* die Kräfte aufzubauen.

Shooting Star

ist wertvoll bei schweren Geburten. Diese Blütenessenz hilft Babys, die auf eine zu abrupte Weise auf die Welt kamen, wie z.B. bei einer Frühgeburt. Im Verein mit *Mariposa Lily* ist diese Essenz besonders wirkungsvoll.

Emotionales Trauma

Es mag überraschen zu erkennen, daß oft ein physisches Problem gelindert wird, obwohl man dieses Problem nicht direkt behandelt. Das deutet darauf hin, daß viele Unausgeglichenheiten auf der physischen Ebene von Störungen innerhalb des Seelenlebens kommen. Wenn wir in der Lage sind, Zugang zur psychischen Störung zu bekommen, können auf die physische Ebene zurückwirken.

Black–Eyed Susan und Dill

Ein sechsjähriger Junge, dessen Eltern in Scheidung lebten, begann plötzlich zu stottern. Es war klar, daß der Junge von der neuen Lebenssituation hin- und hergerissen und tief beunruhigt war. Er bekam die Blütenessenzen *Dill* und *Black–Eyed Susan. Dill* half ihm, die neue, verwirrende Erfahrung zu bewältigen und *Black Eyed–Susan* nahm ihm die Furcht und das Gefühl der Enttäuschung, die er empfand. Nach einiger Zeit verschwand das Stottern. Auch zwei Jahre danach waren keine Probleme mehr aufgetreten.

Larch und Trumpet Vine

sind ebenfalls gebräuchliche Blütenessenzen bei Sprachstörungen. *Larch* ist hilfreich für Kinder mit geringem Selbstvertrauen. Es hilft auch bei Selbstverleugnung. *Trumpet Vine* hilft um Selbstbehauptung und ein positives Gefühl des Ausdrucks aufzubauen. *Larch* und *Trumpet Vine* wirken sehr gut in Kombination miteinander.

Emotionale Empfindlichkeit oder Empfindsamkeit

Ein klassisches Mittel für Kinder ist die Kamille, vielen Eltern bekannt als beruhigender Kräutertee bei Koliken und in homöopathischer Potenz beim Zahnen.

Chamomile

Als Blütenessenz wirkt *Chamomile* unmittelbar auf die Seele ein. Sie begünstigt ein sonniges, ausgeglichenes Gemüt bei einem Kind, das sonst oft Launen oder emotionale Extreme hervorkehrt. Oft werden äußerst günstige Resultate mit *Chamomile* bei Kindern, die klinisch als „hyperaktiv" diagnostiziert wurden, erzielt.

Chicory

Manche Kinder können sich leicht verletzt und zurückgewiesen fühlen. Ein gutes Mittel für ein zu abhängiges oder hilfsbedürftiges Kind ist die Blütenessenz *Chicory*. Chicory ist ausgezeichnet in Verbindung mit der Blütenessenz *Mariposa Lily,* da viele Probleme der übergroßen Abhängigkeit auf Störungen in der Mutter–Kind–Bindung beruhen.

Dill

Für Kinder, die durch zu viele Sinneseindrücke überreizt sind, ist die *Dill*–Blütenessenz günstig zusammen mit *Chamomile*. Viele Mütter berichten, daß diese Mittel auf Reisen wohltuend wirken oder wenn zu viele neue verwirrende Erfahrungen auf das Kind eindringen, die es nicht richtig „verdauen" kann.

(White) Yarrow und Pink Yarrow

Zwei sehr gebräuchliche Blütenessenzen für Kinder sind *(White) Yarrow* und *Pink Yarrow.* Diese Blüten sind bei Kindern angezeigt, die zu sanguinisch sind oder sich leicht zerstreuen lassen. Solche Kinder leben mehr im „Umkreis" ihres Seins, als in ihrem eignen Seelenmittelpunkt, und verschmelzen leicht mit allen möglichen emotionalen und negativen Situationen, in denen sie sich befinden. *Yarrow* schützt Kinder, die den schädlichen oder feindseligen Gedanken anderer ausgesetzt sind, während *Pink Yarrow* besonders wichtig für Kinder ist, die wie ein emotionaler „Schwamm" leicht die Gedanken und Gefühle anderer aufsaugen und ausleben.

Furcht und andere Seelenstörungen

Die Sinne des Kindes sind noch nicht so abgetötet und mechanisch wie die vieler Erwachsener. Es lebt in einer aktiveren psychischen Welt. Störungen im Traumerleben des Kindes sind deshalb sehr reale und spürbare Erlebnisse, die von den Eltern nicht auf die leichte Schulter genommen werden sollten.

Dogwood

Die anmutigen reinen Blüten des *Dogwood* bringen als Blütenessenz Kindern Trost, die sexuellen Mißbrauch oder extreme körperliche oder geistige Mißhandlung erlebt haben. Solche Kinder zeigen vielleicht in einem sehr frühen Alter verhärtete Gefühle oder einen zynischen Ausdruck. Sie können auch dazu neigen, sich selbst zu zerstören oder in Unfälle verwickelt zu werden. Therapeuten berichten, daß die *Dogwood*–Blütenessenz einen Zustand der Anmut und Unschuld wie-

derschenkt und traumatische Erlebnisse oder Erfahrungen von Mißbrauch oder Mißhandlung daran hindert, das Seelenleben des Kindes
dauernd zu verunstalten. Die Vorzüge der Blütenessenz *Dogwood*
werden verstärkt, wenn man sie zusammen mit *Mariposa Lily* gibt.

Mimulus

Eine Blütenessenz für die mehr „alltäglichen" Befürchtungen des
Kindes ist *Mimulus*. Diese Kinder erscheinen oft nervös und können
sich grämen. Sie wirken ängstlich wegen kleiner Schwellenerlebnisse,
z. B., wenn sie etwas Neues lernen oder wenn sie unbekannte Leute
oder Orte besuchen sollen.

Saint John's Wort

Kindern, die sich vor der Dunkelheit fürchten, oder für die es
traumatisch ist, schlafen zu gehen, kann die Blütenessenz *Saint John`s
Wort* Kräfte des Mutes geben. Sie können dann der astralen oder
nächtlichen Welt gestärkt begegnen. *Saint John's Wort* hilft auch
Kindern, die Bettnässen, da dieses Leiden oft von einem zu intensiven
psychischen Erleben herrührt.

Yerba Santa

Yerba Santa, welches als Heilkraut zur Reinigung der Lunge bekannt
ist, wird als Blütenessenz für Kinder verwendet, die anscheinend
emotionale Traumata in sich „festhalten". Solche Kinder können auch
nicht hygienisch richtig ausatmen. Sie haben oft einen melancholischen
oder wehmütigen Blick und ihre Brust erscheint nach innen gewölbt.
Viele dieser Kinder „holen" sich psychosomatische Krankheiten wie
Asthma. Der auslösende Faktor war oft ein besonders traumatisches
emotionales Ereignis, wie ein Todesfall oder eine Scheidung in der
Familie.

ZIRKUS NAMENLOS

VORSTELLUNGEN

Freitag | 12.08. | 14:30 Uhr
Samstag | 20.08. | 14 & 19 Uhr
Sonntag | 21.08. | 14 Uhr
Freitag | 26.08. | 14:30 Uhr

Kinder 3 € | Erwachsene 6 € | Familien 15 € | Sportgelände Kickers Aschaffenburg | Darmstädter Straße 99
Aktuelle Informationen auf www.zirkus-namenlos.de

Kinderkrankheiten

Es ist nicht die Krankheit, die uns als Schlüssel zur Heilung dient, sondern die Stimmung des Kindes, die genaue Hinweise dafür gibt, was der kleine Patient braucht. Achten Sie auf die geringste Veränderung der Stimmungslage des Kindes. Oft ist ein Stimmungsumschwung ein erstes Anzeichen für eine Erkrankung.

Es gibt viele geeignete medizinische und häusliche Therapien, die wir ins Auge fassen können, wann immer ein Kind eine ernstere Krankheit durchmacht. Es ist aber auch wichtig, daß wir diese Ereignisse als wertvolle Zeiten für das Seelenwachstum des Kindes ansehen. Jede Krankheit stellt für das Kind eine besondere Gelegenheit dar, um neue Kräfte aufzubauen. In dieser Hinsicht ist die Blütenessenz *Self–Heal* eine wertvolle Hilfe. Sie steht der jungen Seele bei, die physische Botschaft einer Krankheit zu interpretieren und mit inneren Heilungskräften darauf zu antworten.

California Wild Rose

Für Kinder, die eine lange Rekonvaleszenz haben oder deren Krankheit sich lange hinzieht, ist die Blütenessenz *California Wild Rose* ein ausgezeichnetes Mittel. Sie belebt das Interesse am Leben wieder und ist sehr förderlich für ein Kind, dessen Krankheit vielleicht das Interesse an den irdischen und körperlichen Angelegenheiten verlieren hat lassen. Diese Blütenessenz wird allgemein Kindern gegeben, die nicht gerne essen, wenn kein physiologischer Grund für eine solche Störung zu finden ist.

Penstemon

Einige Kinder, die ungewöhnliche oder schwere Umstände bewältigen müssen, werden durch die Blütenessenz *Penstemon* aufblühen. Ein Physio-Therapeut z. B., der behinderte Kinder betreut, meint, daß *Penstemon* solchen Kindern den Mut verleiht, einfache Handlungen auszuführen, die anderen Kindern selbstverständlich sind. Diese Blütenessenz ist auch gut für Kinder, die in der Schule Schwierigkeiten haben, weil sie vielleicht langsamer oder in athletischen oder schulischen Fähigkeiten weniger geschickt sind.

Self–Heal

Diese Blütenessenz stimuliert allgemein die Selbstheilungskräfte. Sie führt dazu, daß das kranke Kind die Verantwortung für sich und sein Wohlergehen erkennt und eine möglicherweise „nützliche" Krankheit nicht länger bereit ist „festzuhalten".

Walnut

Kinderkrankheiten können auch Phasen darstellen, in denen das Kind die Vergangenheit „wegbrennen" muß, und viele Eltern und Lehrer wissen, wie verändert ein Kind aussieht und sich verhält nach einer solchen Krankheit. Ein Mittel, das diesen Prozeß der Wandlung unterstützen kann, ist die Blütenessenz *Walnut.*

Soziale Probleme

Unter den vielen Blütenessenzen, die die soziale Entwicklung des Kindes unterstützen, ist *Holly* eine der bedeutendsten. Sie hilft besonders bei Rivalitäten zwischen Geschwistern und anderen Formen der Eifersucht. In solchen Fällen hat ein Kind oft das Gefühl, daß nicht genügend Liebe da ist, „um für alle zu reichen".

Holly

ist besonders angezeigt, wenn ein weiteres Kind in einer Familie geboren wird. Diese Blütenessenz ist gut für Kinder, die früher zu Hause viel individuelle Aufmerksamkeit erfahren haben und jetzt lernen müssen, in einer größeren schulischen oder sozialen Umgebung mit anderen zu teilen.

Mullein

Die Blütenessenz *Mullein* begünstigt den Sinn für innere Wahrhaftigkeit oder ein „reines Gewissen", ein Problem, vor dem viele Kinder während des zweiten Lebensjahrsiebts in ihrer Entwicklung stehen. Die Blüten der auffallenden hohen Königskerze *(Mullein)* sind in der Pflanzenheilkunde als gutes Ohrheilmittel bekannt, während die Blütenessenz *Mullein* auf der Seelenebene ein inneres Hören oder „Gewissen" fördert, was dem Charakter die Seelenkräfte der Wahrhaftigkeit und Aufrichtigkeit verleiht.

Vine und Impatiens

Für das typisch cholerische Kind, das lernen muß, seine Führerqualitäten dafür zu benutzen, anderen zu helfen, kann man die Blütenessenzen *Vine* und Impatiens wählen. *Vine* lenkt ein willensstarkes Kind so, daß es die Bedürfnisse anderer berücksichtigt, während *Impatiens* die übermäßig impulsiven und ungestümen Handlungen eines solchen Kindes mildert.

Violet und Mallow

Die Blütenessenzen *Violet* und *Mallow* helfen Kindern, die im sozialen Verhalten zu anderen zu Schüchternheit neigen oder zögerlich sind. Kinder, die die *Violet*–Blütenessenz brauchen, haben oft ein melancholisches oder zartes Aussehen mit physischen Merkmalen wie kalte, feuchte Hände, selbst wenn sie innerlich große Wärme verspüren. Wie das „scheue" Veilchen, dessen Süße durch die wehende Luft und die Sonne offenbart wird, sind solche Kinder schüchtern und müssen lernen, in der sozialen „Atmosphäre" um sich herum zu leben. Die Blütenessenz *Mallow* spricht die soziale Wärme in Kindern an, die ermutigt werden müssen, anderen zu vertrauen. Diese Kinder halten sich oft bei Spielen oder bei schulischen oder geselligen Anlässen zurück.

Lernschwierigkeiten

Lernschwierigkeiten müssen sowohl mit besonderen Mitteln, als auch durch pädagogische Einsicht behandelt werden. Man sollte aber auch eine Unterstützung des kindlichen Seelenlebens erwägen.

Cayenne

ist der Blütenessenz *Impatiens* entgegengesetzt. Sie hilft allzu phlegmatischen Kindern, die gern trödeln oder zu langsam arbeiten und in der Schule in ihren Leistungen zurückbleiben, sich dem normalen Tempo anzupassen.

Chestnut Bud

hilft Kindern, die sich festfahren und ihre Lektionen ständig wiederholen müssen, und regt sie an, gegenüber Seelenerfahrungen wacher zu sein.

Chamomile und *Yarrow*

Mütter und Lehrer berichteten von bemerkenswerten Ergebnissen mit den Blütenessenzen *Yarrow* und *Chamomile* für hyperaktive Kinder. Diese Kinder waren unfähig, sich richtig auf schulische Aufgaben zu konzentrieren.

Clematis

unterstützt das „Mondkind", das verträumte Kind mit dem „großen Kopf". Dieses Kind ist unfähig, in seiner Umgebung ganz „aufzuwachen", was seinen schulischen Fortschritt behindern kann. Fallstudien über die Blütenessenz *Clematis* deuten darauf hin, daß diese in Fällen von kindlicher Legasthenie unterstützend wirken kann.

Impatiens

ist für Legasthenie und andere Leseprobleme angezeigt. Sie ist besonders hilfreich für Kinder, die dazu neigen, beim Lesen den Buchstaben auf der Seite vorauszueilen und für Kinder, denen es schwerfällt, Anweisungen zu befolgen.

Iris

Schließlich ist die Blütenessenz *Iris* eine ausgezeichnete All-round Essenz für Kinder im Schulalter, die ja eine reiche Innenwelt künstlerischen Fühlens entwickeln sollen. *Iris* ist besonders angezeigt für Kinder, die sich in ihren künstlerischen Bemühungen frustriert fühlen, oder deren künstlerische Empfindsamkeit sich auf irgendeine Weise in einem frühen Alter abstumpfte. Die Iris, die die Griechen auch die Göttin des Regenbogens nannten, erfüllt die Seele mit einer reichen inneren „Regenbogen"-Welt von Farbe und Gefühl.

Larch und *Trumpet Vine*

sind zwei Mittel der Wahl bei Sprachschwierigkeiten von Kindern. *Larch* ist angezeigt für Kinder, deren Schwierigkeiten im Ausdruck oder Formen des Zögerns von zu niedriger Selbstachtung herrühren. Trumpet *Vine* tut Kindern mit stockendem Sprechen oder Stottern gut. Diese Kinder müssen ihre Seelenkräfte mehr in den sprachlichen Ausdruck legen.

Kurzbeschreibung der Qualitäten der Blütenessenzen

Agrimony

Innerer Friede, Friedensliebe, Selbstannahme, ehrliche Fröhlichkeit; bei vorgetäuschter „glänzender Fassade", hinter der sich viel innere Qual verbirgt; bei vorgetäuschter Burschikosität; für ehrliche Fröhlichkeit.

Aloe Vera

Stellt die Lebensenergie wieder her, wenn man sich ausgepumpt und ausgebrannt fühlt; bei allgemeiner Erschöpfung; hilft kreative Energie mit im Herzen gelagerten Gefühlen zu vereinen.

Angelica

Gibt Schutz aus spirituellen Sphären beim „Überschreiten der Schwelle"; um wohlwollende geistige Kräfte ins Leben zu bringen und im eigenen Lebenswerk zu erfahren.

Arnica

Basismittel in Verbindung mit den meisten therapeutischen Maßnahmen bei psychischem Schock und Trauma; zum Wiederherstellen der Verbindung zum Höheren Selbst, besonders nach Trennung vom Körper infolge von schwerem physischem Trauma oder von Verletzung; heilt alte Verwundungen und Narben im seelisch geistigen Bereich.

Aspen

Gegen Furcht aus unbekannter Ursache; bei Aberglauben und

Chamomile   *Anthemis cotula*   *Stinkende*
                                                Hundskamille

Gespensterangst; Furcht vor Dunklem und Unbekanntem; bei Furcht vor dem „Schwarzen Mann"; gegen Alpträume.

Basil

Ermöglicht die körperliche Liebe und die geistige Ebene in einer Liebesbeziehung zu integrieren und übereinstimmend auszudrücken, besonders wenn diese Kräfte als Gegensätzlichkeiten angesehen werden; bei der Neigung, befangen gegenüber sexuellem Ausdruck zu sein; hilft Paaren zu den Wurzeln solcher Konflikte vorzudringen.

Beech

„Ewiger Meckerer"; bei kritischem Verurteilen und Tadel gegenüber anderen; bei Überreaktion auf die Umgebung; für Akzeptanz und Toleranz.

Black–Eyed Susan

Für eine umfassende Einsicht in tiefe Emotionen und versteckte Aspekte des Selbst, besonders wenn das Bewußtsein Teile des Selbst zensiert oder abtrennt; bringt Licht in verborgene Bereiche der Seele; um sich verschütteter Empfindungen wieder bewußt zu werden; verhilft zu Einsicht und Umgestaltung.

Blackberry

Gibt uns Auftrieb, Ideen in die Tat umzusetzen; Integration von Wünschen und Können, Wollen und Denken, besonders wenn der Wille sich in der physischen Welt verwirklichen soll; Verbindung von entsprechenden Handlungen; für die Motivation, etwas „ins Rollen zu bringen" zu verwirklichen und zu Ende zu führen.

Bleeding Heart

Bringt dem Herzen Frieden, Harmonie und Ausgeglichenheit; bei gebrochenem Herzen durch Verlust dessen, was uns lieb war und um den Kummer darüber loszulassen; z. B. über den Verlust einer geliebten Person; befreit von emotionaler Abhängigkeit; für die Erkenntnis, daß Liebe in Freiheit besteht; auch für Menschen, die übermäßig klammern, die besitzergreifen von jenen, die sie lieben; Belebung, Revitalisierung und Kräftigung sozialer Beziehungen.

Borage
Zuversicht und Vertrauen im Angesicht von Gefahr und Herausforderung; Aufheiterung bei aufkommender Depression, Entmutigung oder Gram, Gefühlen der Schwere in der Herzgegend; bringt allgemeine Erleichterung; „Seelenbalsam".

Buttercup
Erkennen des Wertes eigener Begabungen und Talente; um Scheu und Zurückhaltung durch Offenheit zu ersetzen; für Menschen, die sich und ihre Berufung unterbewerten, die sich nicht „gut genug" fühlen, die dazu neigen, ihr „Licht unter den Scheffel zu stellen".

Calendula
Aufmerksames Hören und Verstehen der wesentlichen Botschaften anderer; bringt Wärme und Heilung in die verbale Kommunikation; läßt die heilende und tröstende Kraft der eigenen Worte erkennen; für Menschen, die übermäßig scharf oder schneidend in ihrer Ausdrucksweise sind oder die andere verbal herabsetzen und verletzen; Hören auf das „innere Kind".

California Pitcher Plant
Hilft uns, unsere instinktive Seite zu erkennen, zu verstehen und ins physische Leben einzubeziehen; um durch Stärkung der Lebenskräfte der Welt couragiert und dynamisch zu begegnen; für lebhaftere und bestimmtere Anteilnahme an irdischen Dingen.

California Poppy

Für Menschen, die den „Stein der Weisen" rastlos außerhalb ihrer selbst suchen; bei Wirklichkeitsflucht in Drogen oder Faszination durch vorgegaukelten Glanz; bringt eigene ausgeglichene innere Entwicklung und das Wissen, daß das „wahre Gold im Herzen ist"; hilft bei blockierter Kreativität und Intuition; fördert „geistiges Sehen".

California Wild Rose

Um Apathie und Gleichgültigkeit zu überwinden; bei „No future"- („Null Bock")-Gesinnung; bei Neigung zur Selbstzerstörung; bei Verzweiflung und Pessimismus; um Liebe und Hingabe als positive Kräfte in der Welt zu erleben; um bejahend und freudig „in die Welt zu treten" und ihre Herausforderungen anzunehmen.

Calla Lily

Festigung der sexuellen Identität bei Zwiespältigkeit; innerer Ausgleich von Männlichkeit – Weiblichkeit.

Canyon Dudleya

Hilft bei Anfälligkeit für unausgeglichene übersinnliche Bestrebungen; gegen Hysterie und Abhängigkeit von Medien; gegen Fanatismus.

Cayenne

Feuriger Katalysator für schnelle Änderungen; mobilisiert den Willen bei Trägheit, Unentschlossenheit, Zaudern, Unbeweglichkeit; Löser eingefleischter Gewohnheiten; fördert Spontaneität und Enthusiasmus; nützlich, um den nächsten Entwicklungsschritt zu tun.

Centaury

Gewohnheitsmäßiger Ja-Sager; „Mitläufer"; für die Kraft, um Unterwürfigkeit zu überwinden; um gesunde „Ich"-Kräfte entwickeln zu können.

Cerato

Gegen Selbstzweifel; für Menschen, die durch zu viele Meinungen und Äußerungen „in die Irre gehen"; um der eigenen Intuition zu folgen; um einmal getroffene Entscheidungen beizubehalten.

Chamomile

Bringt Ruhe und Gelassenheit nach emotionaler Erregung; bei Nervosität, Launenhaftigkeit, Schlaflosigkeit, Überaktivität; bei übermäßiger Empfindsamkeit; für Menschen, die rasch aus der Fassung geraten, die verstört und verwirrt sind; bei Entspannungsschwierigkeiten; bei emotionaler Instabilität; um die Sorgen des Tages loszulassen; für mehr Objektivität und ein gelasseneres Wesen; um abschalten zu können.

Chaparral

Zum Reinigen von angehäuften psychischen Giften, besonders während des Träumens; bei Vergiftung durch Streß; hilft Kontakt zu tieferen Ebenen des Bewußtseins und des Verständnisses zu finden; besonders hilfreich bei Drogenintoxikation; hilft bei vergiftenden verborgenen Gefühlen; „psychischer Reiniger".

Cherry Plum

Bei hysterisch wirkendem Verhalten und Zerstörungswut aus innerer Verzweiflung; „Dampfdrucktopf"; für Ausgeglichenheit unter extremer Belastung; für Selbstkontrolle.

Chestnut Bud
Um die Lektionen des täglichen Lebens rasch zu lernen; bei
geistiger Trägheit; um nicht ständig dieselben Fehler zu bege-
hen.

Chicory
Für Menschen, die emotional fordernd sind und besitzergreifen
und damit andere „ersticken"; für die „Besserwisser".

Clematis
Bei Verträumtheit und außerkörperlichen Zuständen; bei Reali-
tätsflucht; um „voll da zu sein".

Corn
Für Erdung und Orientierung, besonders in übervölkerten Räu-
men; für eine ausgewogene Beziehung zwischen Himmel und
Erde im Körper-Geist-Bewußtsein; hilfreich, um inmitten von
großen Menschenmengen das innere Gleichgewicht zu behalten,
sowie bei aufkommendem Gefühl der Desorientierung und des
„Verlorenseins", besonders in Städten.

Crab Apple
Bei zwanghafter Beschäftigung mit Unreinem und Unvollkom-
menen; bei übermäßigem Gefühl von Scham und „sich schmut-
zig fühlen".

Dandelion
Durchbruch durch emotionale Blockaden, um Verkrampfung
und Schmerz in Muskeln loslassen zu können; fördert die Fähigkeit, durch körperliche Entspannung für kosmische Einflüsse
empfänglicher zu werden; besonders hilfreich für tiefgreifende
Körperarbeit, innerlich und äußerlich angewendet; für Menschen, die zu sehr streben und ihr Leben übermäßig formen; für

zu ernsthafte oder übereifrige Menchen, die lernen müssen, Streß und Spannung loszulassen; zum Wiederherstellen geistiger Klarheit.

Deer Brush

Für Ehrlichkeit in den Absichten und Gefühlen; bringt Klarheit über die zugrundeliegenden Motive für seine Handlungen; hilft offener und aufrichtiger in der Beziehung zu anderen zu sein; Integration von innerem Fühlen und äußerem Verhalten; sanfte Reinigung von negativen Emotionen.

Dill

Für die Assimilation von Erfahrungen, besonders, wenn man überschwemmt ist von zu vielen Sinneseindrücken infolge eines zu schnellen Lebenstempos oder durch äußere Ereignisse; unterstützt Aufmerksamkeit und Klarheit; hilfreich für häufig Reisende; bei Rastlosigkeit und Schlaflosigkeit durch Aufgewühltsein; auch um dem Streß des Stadtlebens zu begegnen und ihn zu verdauen.

Dogwood

Für Anmut, Leichtigkeit und Reinheit in Beziehungen; bei Überhärte der Gefühle und verbohrter Haltung, oft als Folge von früherem Trauma oder Mißbrauch; stellt die Sanftheit und natürliche Würde wieder her; hilfreich bei Veranlagung zu Unfällen oder Selbstzerstörung.

Elm

Gegen das Gefühl, zu versagen; wenn man sich von der Verantwortung überwältigt fühlt; wenn man meint, alles allein tun zu müssen; für selbstsicheres Vertrauen und Zuversicht.

Fairy Lantern

Bei Neigung, ein Kind zu bleiben oder wenn man auf frühere Bewußtseinsebenen zurückfällt; für Reife und Erwachsenwerden.

Filaree

Bei zwanghaftem Besorgtsein über geringfügige, unbedeutende Probleme des täglichen Lebens; hilft, die persönlichen Probleme im größeren Zusammenhang des Lebensschicksals zu sehen; für eine umfassendere Perspektive, wenn man „vor lauter Bäumen den Wald nicht sieht"; man beginnt dann, die wirklich wichtigen Aufgaben im Leben zu erkennen.

Forget-me-not

Um seiner inneren Führung zu folgen; fördert die Erinnerung, die Merkfähigkeit; schnelle Reaktionen in Notfällen, Aufmerksamkeit und Wachheit.

Fuchsia

Zum Erleben und Verstehen tiefsitzender Gefühle wie Zorn oder Kummer, die sich oft als falsche oder Hyper-Emotionalität und psychosomatische Krankheit ausdrücken können; bringt höhere Bewußtheit und ehrlichen Ausdruck von Emotionen; kann ein Katalysator sein, um Quellen des Schmerzes aufzudecken; kann eine ableitende Blütenessenz in therapeutischen Maßnahmen sein, um Emotionen loszulassen und zu erden.

Garlic

Hilft Ängste, Unsicherheit und Nervosität loszulassen; bei Furcht und Spannung, die in der Solar-Plexus-Region gefühlt werden und die Vitalität „austrocknen"; bei Neigung zu Schwäche und „Ansteckung"; hilft Stärke und Widerstandskraft aufzubauen; gegen Lampenfieber und nervöse Angst, die einen lähmt, sobald man vor anderen steht; vermittelt Mut und Sicherheit.

Gentian

Bei Zweifel und Entmutigung durch Rückschläge im Leben; für Glauben und Verstehen der eigenen Lebensereignisse; hilfreich in pessimistischen Lebensphasen.

Golden Ear Drops

Um Zugang zu schmerzlichen Gefühlen aus der Kindheit herzustellen, die zu traumatisch zur Zeit des Ereignisses waren um sich davon zu lösen; vergeben und loslassen von früheren Verletzungen; kann zu einem Ausbruch von Tränen führen; unterstützt die Fähigkeit, schmerzvolle Erinnerungen in das gegenwärtige Bewußtsein zu integrieren.

Goldenrod

Um in Gruppensituationen seiner eigenen individuellen Identität treu zu bleiben; bei Neigung, sozialer Anerkennung wegen, eine Maske zu tragen; für Menschen, die durch abstoßendes Verhalten, Aufmerksamkeit erwecken müssen und Schranken im sozialen Kontakt aufbauen; verhilft, die Falschdarstellung seines Selbst aufzugeben; ist eine stärkende und festigende Blütenessenz.

Gorse

Für Menschen, die nicht mehr glauben können, die den „was soll's Standpunkt" einnehmen; „ewiger Schlechtmacher"; für Zuversicht.

Heather

Bei übertriebener Gesprächigkeit, wobei die Aufmerksamkeit vorwiegend auf die eigenen persönlichen Probleme gerichtet ist;

um auf andere zu hören und sich um andere kümmern zu können.

Hibiscus
Für Empfänglichkeit und Wärme im Lebensausdruck; für Zustimmung zu den weiblichen Kräften im Menschen; bejaht die Bereitschaft, Liebe zu geben und Liebe zu empfangen.

Holly
Gegen Rivalität und Eifersucht; gegen verworrene Gefühle; für Menschen, die meinen, nicht geliebt zu werden; für Liebe und Annahme ohne Bindung.

Honeysuckle
Zum Loslassen der Vergangenheit und Auflösen alter Gewohnheiten; um zu vergessen; zur Verankerung in der Gegenwart.

Hornbeam
Bei Wirklichkeitsflucht, bedingt durch Kraftlosigkeit; bei „sich-verstecken-wollen" vor den täglichen Aufgaben; bei Neigung alles liegenzulassen.

Hound's Tongue
Hilft dem Verstand, spirituelle Einsicht zu erreichen; transformiert empfindungsgebundene und engherzige Gedanken; gibt ein spirituelleres Verstehen der materiellen Welt für Menschen, die belastet oder schwerfällig sind durch übermäßig „weltlichen Blick" oder körperbetontes Bewußtsein sind; unterstützt eine mehr spirituelle Philosophie und Sicht des Lebens, meditatives Bewußtsein und spirituelles Denken.

Impatiens
Bei übertrieben impulsivem Verhalten; „Drängler"; für Geduld und abwarten können.

Indian Paintbrush

Bringt Vitalität kreativ zum Ausdruck; entwickelt dynamische Willenskräfte bei Menschen, welche Schwierigkeiten mit der kreativen Arbeit haben; für Menschen, die kreative Inspiration haben, aber zu frustriert sind, um daran zu arbeiten.

Indian Pink

Gelassenheit, Sammlung und Zentrierung inmitten von verstärkter Aktivität und Bewegung; um inmitten von chaotischen Situationen leistungsfähig zu bleiben, oder wenn viele Anforderungen auf einmal an einen gestellt werden; für Menschen, die durch das, was um sie herum vorgeht, desorientiert oder überschwemmt sind.

Iris

Gibt kreative Inspiration, besonders aus spirituellen Bereichen; verstärkt den kreativen Ausdruck, besonders kreative und künstlerische Arbeit; für Menschen, die sich in ihrer Kreativität „ausgetrocknet" fühlen; gute Allgemeinessenz um das Seelenleben auf eine mehr inspirierte und kreative Ebene zu heben.

Larch

Bei Gefühlen des Versagens; gegen das Gefühl, „nichtsnutzig" zu sein; für Selbstachtung und Mut.

Larkspur

Fördert die Führerschaft inFreude und positivem Charisma; gleicht die Extreme von Gehorsam und Selbsterhöhung aus; führt zu Großzügigkeit, Altruismus, Freude und Enthusiasmus in der Führerschaft; fördert die Bereitschaft, Aufgaben zu übernehmen.

Lavender

Besänftigt durch Überreizung strapazierte Nerven; beim Gefühl, nervös und übersensibel auf geistige Einflüsse zu sein, besonders wenn der Lebensstil oder meditative Praktiken zu intensiv für das Nervensystem sind; für viele nervöse Komplikationen wie Kopfschmerz.

Lotus

Allgemeines spirituelles Tonikum, Gesamtausgleich; verstärkt andere Essenzen und Praktiken, verbindet sie und gleicht sie aus; für spirituelle Offenheit und meditative Aufnahmebereitschaft; wird oft in Zeremonien und Ritualen verwendet.

Madia

Mentaler Fokus; Konzentration, Aufmerksamkeit fürs Detail; für die Fähigkeit, ein Projekt „durchzuziehen"; gut für das Studium oder andere Tätigkeiten, die gesammelte Aufmerksamkeit erfordern; für Menschen, die leicht zerstreut oder ablenkbar sind; hilfreich auch als zeitweiliges Mittel gegen den Verlust der Konzentration.

Mallow

Entwickelt Wärme in Freundschaften; hilft soziale Unsicherheiten bei jenen zu überwinden, die Schranken in persönlichen Beziehungen aufbauen; wenn man von anderen Ablehnung erwartet; bei der Schwierigkeit, Freundschaften zu schließen und zu pflegen; entwickelt mehr Offenheit und Vertrauen.

Manzanita

Anerkennen der physischen Welt und des Körpers als „Tempel des Geistes"; gut für Menschen mit einer tiefsitzenden oder unbewußten Abscheu gegenüber der irdischen Welt oder dem physischen Körper; oft eine Blütenessenz für Menschen, die einem asketischen religiösen Weg gefolgt sind; kann helfen bei unerklärlichen physischen Beschwerden, wenn eine Ablehnung des Körpers besteht; hilfreich in Schwangerschaften für Frauen, um das werdende Wesen willkommen zu heißen; um das neue Körpergefühl bei einer Schwangerschaft anzunehmen; zur Behandlung von Eßstörungen wie Anorexia nervosa; für Mädchen, die später ihren Körper nicht annnehmen; Erdungs–Blütenessenz.

Mariposa Lily

Mütterliche Nährung und Wärme in der Mutter–Kind–Beziehung; macht empfänglich für die menschliche Liebe, fördert gesunde Seelenkräfte zwischen Mutter und Kind; heilt Gefühle der Loslösung und des Ungeliebtseins (bei Kindern und Erwachsenen); gut für alle Kindheitstraumata, einschließlich Fehlgeburt, Krankheit, Scheidung der Eltern oder Mißbrauch; hilfreich für die Mutter während traumatischer Situationen mit den Kindern; um emotionale Wunden aus der Kindheit zu heilen; hilft eine Beziehung zum Archetyp der göttlichen Frau oder Mutter zu entwickeln; „Madonna der Felsen".

Mimulus

Bei Ängsten des täglichen Lebens; um Angst und Sorgen zu überwinden, die die Persönlichkeit unnötig behindern und aufregen; bei Ängstlichkeit, sozialer Schüchternheit, die sich z. B. in Stottern und Erröten ausdrückt.

Morning Glory

Fördert Vitalität und frische Lebenskräfte; hilft freizukommen von Suchtverhalten; reguliert den Lebensrhytmus wie Schlafen und Essen; hilft bei sprunghaftem Suchtverhalten; kann eine Unterstützung sein bei Drogen–, Alkohol– oder anderen Entgiftungsmaßnahmen; hilft bei morgendlichen Anlaufschwierigkeiten, bei Ruhelosigkeit, Überaktivität, zwanghaftem Verhalten;

um kristallisierte Denkweisen und Verhaltensmuster aufzubrechen; Finden neuer Wege.

Mountain Pennyroyal

Zum Klären des Geistes von durch andere übernommenen negativen Gedanken; Reinigung und Läuterung; aktives Abwehren von negativen Gedanken, die von anderen auf uns gerichtet werden; für Stärke und Klarheit des Denkens.

Mountain Pride

Für Stärke und Durchsetzungsvermögen angesichts widriger Mächte; für spirituelle Kampfbereitschaft; für positive Männlichkeit, um sich den Herausforderungen unserer Zeit zu stellen; aktive Konfrontation des Bösen oder der Missetat als positive Kräfte; hilft Furcht und der der Neigung, Herausforderungen und Konfrontationen auszuweichen, entgegenzuwirken.

Mugwort

Für größere Empfindungsfähigkeit und psychische Sensiblität beim Überschreiten der Schwelle, besonders während des Schlafes; integriert ein übermäßig aktives psychisches Leben und gleicht es aus; fördert die „Mondkräfte" der Psyche und gleicht sie aus; führt zu Klarheit während des Träumens.

Mullein

Macht die innere Führung und das Gewissen bewußter; um auf die eigene innere Stimme zu hören; hilft wahrhaftig zu sich selbst zu sein; entwickelt das moralische Urtteilsvermögen durch Einstimmung auf die innere Führung; um einen Sinn für Moral uns innere Werte zu entwickeln; bei Unschlüssigkeit gegenüber den Grundwerten und dem Lebensziel, bei einem Gefühl des Abgetrenntseins von Gefühlen und ethischen Werten.

Mustard

Wenn sich ein „schwarzes Loch" plötzlich und unvermittelt auftut; bei häufiger Trübsinnigkeit; für innere Heiterkeit.

Nasturtium

Bringt Verjüngung und Vitalität, „emotionale Farbigkeit"; hilft bei übermäßig trockenem Intellektualismus, der die Lebenskräfte ausdörrt; oft hilfreich für Studenten und Schüler; kann vorübergehend eingesetzt werden, wenn die Lebenskräfte schwach sind; oft bei Müdigkeit und Lethargie angezeigt.

Oak

Bei „automatischem Handeln", ohne wirklich die Kraft dazu zu haben; stärkt tapfere Ausdauer und läßt die Kraft sinnvoll einsetzen; für positive Führerschaft.

Olive

Bei energetischem Zusammenbruch; bei „ausgelaugt–sein"; bei Erschöpfung nach langer Anstrengung; für Wiederbelebung aller Energiezentren.

Oregon Grape

Bei Furcht vor der emotionalen Feindseligkeit anderer; bei sozialen Wahnvorstellungen; bei falscher Wahrnehmung der Motive und Absichten anderer; hilft Vertrauen in den guten Willen anderer zu entwickeln.

Penstemon

Für innere Stärke und Durchhaltevermögen im Angesicht von Prüfung oder persönlicher Abneigung, besonders bei physischer Not oder widrigen äußeren Umständen; auch hilfreich für persönliche Prozesse in Beziehungen oder Arbeitssituationen; beim Gefühl bei Herausforderungen nicht zu bestehen.

Peppermint

Für Munterkeit und Klarheit des Denkens; um mentale Lethargie und Schwerfälligkeit und die Tendenz, körperlich träge zu sein, zu überwinden; fördert einen aktiven Status des Denkens; ist hilfreich für das Studieren und für Schreibtischarbeit.

Pine

Der „ewige Sündenbock"; um sich von Schuld und Selbstvorwürfen freizumachen; bei Neigung, hart zu sich selbst zu sein; um sich selbst begangene Fehler oder Lebensereignisse zu vergeben.

Pink Monkeyflower

Bei Angst, seine wahren Gefühle zu zeigen und auszudrücken; bei Furcht, seine „weiche Seite" oder die intimen Gefühle des Herzens zu zeigen, um nicht verletzt zu werden.

Pink Yarrow

Bei emotionaler Überempfindlichkeit; für den „psychischen Schwamm", der leicht die emotionale oder psychische Aura des Umfeldes und der Mitmenschen aufnimmt; bei übermäßiger Identifikation mit den Gefühlen anderer, besonders von Familienmitgliedern oder nahen Freunden; gibt das Gefühl emotionaler Klarheit, welches Gefühl zu mir und welches zu anderen gehört; schützt den Solarplexus.

Poison Oak

Gegen die Furcht, durch intimen Kontakt mit anderen Ablehnung oder Schmerzen zu erfahren; bei Furcht, in der Natur zu sein; läßt Grenzen und Einschränkungen in sozialen Situationen und in der Umwelt respektieren.

Pomegranate

Um mit dem doppelten Ausdruck der weiblichen Kreativität zu

arbeiten: durch Fortpflanzung und in der Welt; hilft Frauen, die im Konflikt sind zwischen Karriere und Familie; verleiht positive und ausgeglichene weibliche Kreativität; hilft Kontakt mit dem göttlichen weiblichen Prinzip und der Anima des Mannes aufzunehmen; oft hilfreich bei Frauenbeschwerden, wenn sie mit einem Konflikt über kreative Kräfte zusammenhängen.

Quaking Grass
Zum Binden und Beugen individueller Egos für eine gemeinsame Aufgabe; für Gruppenharmonie und Zusammenarbeit für einen gemeinsamen Zweck; für individuelle Beweglichkeit zugunsten einer kollektiven Arbeit; für Toleranz den unterschiedlichen Einfällen anderer gegenüber; auch für aufkommende persönliche Konflikte in Gruppen, die mit anderen arbeiten möchten.

Quince
Entwickeln der Stärke und positiven Kraft der Liebe; besonders für Frauen, die sich hin- und hergezogen fühlen zwischen der Notwendigkeit von Kraft und Stärke und der Fähigkeit zu lieben und zu nähren, wie z. B. für alleinerziehende Mütter; um die innere Kraft des weiblichen Aspekts der Seele zu entwikkeln; bei Konflikten über die Kraft und die Tendenz, sich zu verhärten; für Menschen, die das Weibliche als den falschen Weg stark zu erscheinen, ablehnen.

Rabbitbrush
Für eine weite Perspektive, die alle Einzelheiten umfaßt; um Situationen beherrschen zu lernen, die die gleichzeitige Aufmerksamkeit in viele Richtungen erfordert; für Aufmerksamkeit und scharfe Wahrnehmung; für die Synthese vieler unterschiedlicher Situationen und Gegebenheiten; für die Möglichkeit, das „große Ganze" inmitten vieler Einzelheiten zu erkennen; für

Pink Yarrow   *Achillea millefolium*   *Gewöhnliche*
                                                    Schafgarbe (rosa)

Menschen, die sich von vielen Details überschwemmt oder sich in viele Richtungen gezogen fühlen.

Red Chestnut

Gegen Überbesorgtheit und Kummer um andere; bei grundlosen Befürchtungen um andere; um anderen Menschen ruhige, positive Gedanken zu senden.

Red Clover

Verhilft zu Gelassenheit inmitten von Gruppenpanik und Hysterie; um eher aus dem eigenen „Ich" zu handeln, als aus dem Massenbewußtsein; empfehlenswert bei Naturkatastrophen und Notfällen als „pschische Erste-Hilfe"; hilfreich auch in emotionsgeladenen Familiensituationen; stärkt die Individualität, wenn der Sog in Richtung Gruppenindividualität am stärksten ist; sehr hilfreich, um hysterisches Verhalten bei Tieren zu auszugleichen.

Rescue Remedy^R

Ist die bekannteste und gebräuchlichste Blütenessenz-Kombination nach Dr. Bach. Sie dient als Erste-Hilfe-Mittel und zur Zentrierung und Erdung vor und nach extremem Streß und in Notfällen.

Rock Rose

Bei „innerem Rappel", der zu absoluter Lähmung sämtlicher Lebensvorgänge führt; für Mut, um über sich selbst hinauszuwachsen.

Rock Water

(Reines Quellwasser, keine Blütenessenz), der „Halsstarrige"; bei Extremismus; Spartaner; für Nachsicht, Beweglichkeit, Ungezwungenheit.

Sagebrush

Um sich von einem falschen Selbstbild, alten Verhaltensmu-
stern, Nebensächlichkeiten oder „Übergepäck", die nicht länger
produktiven Zwecken dienen, zu trennen; Kraft für Reinigung
und Läuterung; verhilft zu einem deutlicheren Bewußtsein der
„wesentlichen" Aspekte des Selbst; hilfreich für die hauptsäch-
lichen Wechsel im Leben, besonders wenn tiefe innere Änderungen vollzogen werden, die das Lösen von alten Mustern oder
Werten erfordern.

Saguaro

Balanciert die Beziehung zu spirituellen Autoritäten und Füh-
rern aus; stellt die Verbindung zu Altem oder Grundlegendem
in der geistigen Tradition her; bei Entfremdung oder Konflikt
gegenüber autoritären Personen oder Machtfiguren, einschließlich Rebellion Heranwachsender; oft gut für jene, die ihren
animus (innerer männlicher Aspekt) integrieren müssen oder die
eine unpassende Voreingenommenheit gegenüber männlichen
Machtpersonen haben; um ein wahres geistiges Leitbild zu suchen und anzunehmen.

Saint John's Wort

Höherer Schutz und Führung bei übermäßiger Anspannung oder
traumähnlichem Bewußtseinstatus; um das „innere Licht" als
eine Quelle des Bewußtseins zu erfahren; bei Ängsten, die
durch „Aus–dem–Köper–Sein" verursacht wurden; bei Verletzlichkeit durch schmerzhafte Einflüsse, wenn man spirituell geöffnet ist; für die Schwelle wie Tod oder Krankheit; hilfreich
bei Bettnässen und anderen nächtlichen Kindertraumata.

Scarlet Monkeyflower

Für den Mut, kraftvolle Emotionen anzusehen oder auszudrük-
ken, besonders Zorn und Hilflosigkeit; bei Unterdrückung oder
Angst vor intensiven Emotionen, welche sich in versteckter oder

unerwarteter Weise manifestiert; bei Gewalt- und Zornaus-
brüchen in Beziehungen; um den „Ich-Aspekt" der Seele bewußt zu machen.

Scleranthus
Gegen Unschlüssigkeit und Zwiespalt hinsichtlich von Wahl-
möglichkeiten oder Neigungen, die in Kopnflikten mit anderen
entstehen; um entschlossen Entscheidungen treffen zu können.

Scotch Broom
Um das Gefühl „wozu das alles" zu überwinden; wenn einem
die Weltlage zu sehr bedückt; bei Gefühl der Apokalypse; um
Hindernisse als Gelegenheit zum Wachsen und der Welt zu
dienen anzusehen; für Beharrlichkeit und Motivation.

Self-Heal
Bei Selbstzweifel, Verwirrung und Mangel an Selbstliebe;
erweckt und verstärkt die Selbstheilungskräfte; hebt die Motivation zum Heilen; erweckt die Kraft der Selbstachtung und des
Selbstvertrauens; unterstützt beim Fasten.

Shasta Daisy
Bei „zerstreutem Suchen"; ungeordnetes Wissen; für eine Syn-
these vieler Ideen zu einem lebenden Ganzen; für Menschen,
die viele Aspekte in sich haben, aber „den Wald vor lauter
Bäume nicht sehen"; um Dissertationen zu schreiben oder ein
Büro zu organisieren.

Shooting Star
Bei starkem „Fremdsein" gegenüber der Erde und der menschlichen Rasse, möglicherweise hervorgerufen durch ein Geburtstrauma oder eine unerwartet abrupte Geburt; wenn man seine
Inkarnation nicht so recht bejahen kann, nicht weiß, warum man

auf der Erde ist; um sich auf der Erde „zu Hause zu fühlen",
die Mitmenschen anzunehmen.

Star of Bethlehem
Harmonisierung, Ganzwerdung, Heilung von Trauma und
Schock; hilft negative Schlüsselerlebnisse zu eliminieren.

Star Thistle
Bei Besitzgier; gegen Kleinlichkeit und die Angst „zu kurz zu
kommen"; läßt die Angst vor Mangel überwinden und mit
anderen großzügig teilen.

Star Tulip
Bei Furcht und psychischen Blockaden; zum Öffnen für geistige
Bereiche; zum Hören auf die innere Stimme; Verfeinerung der
Gefühle; um den Kanal zur eigenen Heilkraft zu öffnen; zum
„Weicherwerden" und mehr nach innen gerichtet sein; hilft zur
Anima in der Psyche Verbindung zu halten.

Sticky Monkeyflower
Bei Angst vor Intimität und Verwirrung über Sexualität; zur
Harmonisierung und zum Ausgleich sexueller Gefühle; bei
Scheu, über Sexualität zu sprechen; bei Verweigerung der
Sexualität aus Angst vor Zurückweisung; für ein ausgeglichenes
Sexualverhalten; zur Intergration der sexuellen und der lieben-
den Gefühle.

Stinging Nettle
Lindert emotionalen Streß, verursacht durch ein zerrissenes Elternhaus. Diese Blütenessenz ist gut für Adoptivkinder und
– Eltern sowie für getrennt lebende Eltern. Löst Spannungen
und Geschwisterrivalität auch bei intaktem Elternhaus.

Sunflower

Bei egoistischem Verhalten und bei der Furcht, zu egoistisch zu sein; bei gestörter Beziehung zum Bild des Vaters oder zum Mann überhaupt; um einen Ausgleich zu finden zwischen Selbstverleugnung und Egozentrik; bringt das Ich mit dem Höheren Selbst in Harmonie; schafft Ausgleich zwischen Männlichkeit und Weiblichkeit.

Sweet Chestnut

Bewahrt vor dem Springen in die Tiefe, wenn man am „Abgrund steht"; gegen Selbstauslöschung; für Vertrauen bei Beanspruchung über alle Grenzen; für die Kraft zum Neubeginn.

Sweet Pea

Bei Konflikten mit Familie und Freunden; bei asozialem Verhalten und Angst vor Verpflichtungen; für das Gefühl, in einer sozialen Gemeinschaft eingebunden zu sein, besonders das Gefühl, Teil einer Familie zu sein; für Eigenbrötler, Mönche, Asketen, die lange isoliert gelebt haben und sich wieder in eine Gruppe einfügen möchten; für Empfänglichkeit und Verantwortlichkeit in sozialen Dingen.

Tansy

Bei Zögern und Entschlußlosigkeit aus Trägheit; bei Lethargie und übermäßigem Phlegma; „Verzögerer"; bringt die Entschlossenheit, um gesteckte Ziele erreichen zu können.

Tiger Lily

Bei Feindseligkeit und Aggression gegenüber anderen; gegen übertriebenen männlichen Wettstreit; bringt weiblichen Ausgleich in übertrieben männliche Konstitution; weckt Gefühle zur Zusammenarbeit und gegenseitigen Unterstützung zum Wohl aller.

Trillium

Bei Gier und Sucht nach Macht; bei Raffgier und Habsucht; für Selbstlosigkeit und Arbeiten für das Gemeinwohl; um persönliche Wünsche zu opfern.

Trumpet Vine

Lebendigkeit und Stärke in der Selbstäußerung und im Selbstausdruck; für gesunde Selbstbehauptung; Mut zum freien Sprechen; hilft bei Stottern und Sprachschwierigkeiten.

Vervain

Wenn jemand „Überrumpler" ist; bei übertriebenem Enthusiasmus, der zu Extremen führt; bei extremer Ehrhaftigkeit und übertriebener Selbstopferung; für maßvolle Überzeugung.

Vine

Gegen Überfahren des Willens anderer; gegen übertriebenen Egoismus; bei Amts- und Autoritätsmißbrauch; fördert verständnisvolles Führen und Achten anderer; fördert natürliche Verläßlichkeit und Hingabefähigkeit.

Violet

Bei Scheu und ängstlichem Zurückgezogensein; um sich gegenüber anderen zu öffnen; zum natürlichen Einfühlen in Familien und Gruppen; um für andere offen zu sein; für das Wissen um das Verhältnis des Einzelnen in Gruppen; um in Gruppensituationen Wärme, Vertrauen und Offenheit zu entwickeln.

Walnut

Schutzmantel, Schutzblüte für die Klarheit der Richtung, Neubeginn und die Freiheit von begrenzenden Einflüssen; um „umblättern" zu können.

Water Violet
„Einsame Größe"; „Korsettträger", durch sich selbst und durch andere; für die Fähigkeit, sich frei einzubeziehen; für Mitteilungsfähigkeit.

White Chestnut
„Hirnwurm"; für inneres Stillewerden, wenn die Gedanken dauernd plappern, sich wiederholend im Kreis drehen; wenn der Geist im Kreis rast; für Schlichtheit und Klarheit des Denkens; Konzentration.

Wild Oat
Für Klarheit über den Lebenszweck und die Berufung; bei rastlosem Suchen; für den „Hansdampf-in-allen-Gassen"; um auf einem Gebiet Meister zu werden.

Wild Rose
Bei Resignation und Erschöpfung; um Gleichgültigkeit zu überwinden; zum Loslassen von Kummer; für erneutes Interesse am Leben; um Lust zu bekommen, die Dinge zu verbessern.

Willow
Bei ständiger Schuldzuweisung an andere; zur Übernahme von Eigenverantwortung, zur Akzeptanz des Lebens und des Schicksals.

Yarrow
Bei Verwundbarkeit durch psychische oder emotionale Angriffe; Schutz vor den Gedanken negativer Menschen; reinigt den Körper von belastenden Stoffen oder Kräften (Strahlung); stärkt durch einen „Lichtmantel" die Aura; stärkt die Kraft zur Überwindung von Negativität und Disharmonie.

Yarrow Special Formula

Ist eine besondere Zubereitung der Yarrow-Blütenessenz mit keltischem Meersalz. Für Schutz gegen die ätherischen Wirkungen von Strahlungen und anderen krankmachenden Einflüssen.

Yerba Santa

Bei Neigung zu verinnerlichter Melancholie und wehmütiger Traurigkeit; für freies, gelöstes Atmen; befreit von Beklemmungen und Verkrampfungen; gibt spirituellen Einblick in Gefühle.

Zinnia

Für Menschen, die sich zu ernst nehmen; bei zu großer Ernsthaftigkeit, Mattheit, Schwerfälligkeit, Trägheit; zum Lösen von Spannungen; für kindlichen Humor und Leichtigkeit; für eine spielerische Einstellung dem Leben gegenüber, um das innere Kind zu spüren.

Wie werden Blütenessenzen hergestellt?

Es gibt heute viele Gruppen und Vereinigungen, die sich der Herstellung und Erforschung von Blütenessenzen widmen. Das Netz reicht von Alaska bis Australien und von Amerika bis Europa.

Die Herstellung von Blütenessenzen ist eine Kunst, die meditatives Fingerspitzengefühl und gründliche Kenntnis über den richtigen Zeitpunkt zur Ernte der Blüten und deren maximalste Kraftentwicklung voraussetzt. Grundlegende Schritte müssen befolgt werden und die Qualität sicherzustellen.

Folgende Gedanken sollten grundsätzlich berücksichtigt werden:
1. Die Umgebung der Pflanzen und die Pflanzen für die Blütenessenzen sollten weitestgehend frei von Verunreinigungen und negativen Schwingungen aller Art sein.
2. Die Blumen sollten in voller Blüte und so reichlich vorhanden sein, daß das Sammeln ohne Störung der weiteren Entwicklung der Pflanzen vertretbar ist.
3. Der Mensch, der die Blütenessenzen herstellt, sollte frei von Negativismen sein.

Die beste Art, eine Blütenessenz herzustellen ist die Sonnenscheinmethode. Idealerweise begibt man sich am Morgen eines sonnigen, möglichst wolkenfreien Tages im Frühjahr oder Sommer dorthin, wo die Blumen für die Blütenessenz wachsen. Man besorgt sich reines Quellwasser und eine reine Glasschüssel sowie eine saubere Pnzette und eine saubere Branglasflasche von ein bis zwei Liter Fassungsvermögen.

Das Quellwasser gießt man in die Glasschüssel und stellt sie an einen geeigneten Platz inmitten der Blumen. Meditativ stimmt man sich dann auf die Blumen und die Blütenessenz ein, die man herstellen möchte. Danach nimmt man ein Blatt der gewählten Pflanze zwischen

Daumen und Zeigefinger und pflückt damit vorsichtig die Blüten, ohne sie mit den Fingern zu berühren. Bei kleinblättrigen Pflanzen pflückt man die Blüten mit der Pinzette. Die Blüten legt man auf die Wasserfläche in der Glasschale, bis die Oberfläche vollkommen bedeckt ist und so, daß möglichst jede Blüte vom Wasser berührt wird. Die gefüllte Glasschüssel wird so aufgestellt, daß sie nicht beeinflußt werden kann und daß möglichst kein Schatten darüber hinweggeht. Danach überlässt man sie der Einwirkung der Sonne.

Nach etwa vier bis sechs Stunden, in denen die Sonne ihre Wirkung getan hat oder nachdem die Blüten zu welken beginnen, nimmt man die Blüten mit einem Pflanzenblatt oder der Pinzette behutsam von der Oberfläche des Quellwassers. Die Blüten schenkt man der Natur wieder. Die Blütenessenz ist nun fertig, das heißt, das Quellwasser hat die besonderen Qualitäten der Blüten aufgenommen. Die so erhaltene Mutteressenz füllt man in die mitgebrachte saubere Braunglasflasche. Zur Haltbarmachung wird der Mutteressenz Alkohol, möglichst aus biologischem Anbau, im Verhältnis 1:1 zugefügt.

Für Blumen, die in sonnenarmen Jahreszeiten blühen, und bei andauernd schlechtem Wetter, wenn die Sonneneinstrahlung für die Sonnenscheinmethode nicht ausreicht, wendet man die Kochmethode an. Dennoch sollten die Blüten möglichst an einem sonnigen Morgen geerntet werden.

Die Blüten sollten so gepflückt werden, wie es unter der Sonnenscheinmethode beschrieben wurde. Ein Topf wird teilweise mit den Blüten gefüllt, Blüten von Bäumen und Sträuchern kann man auch einige Zweige, junge Blätter und Knospen der gleichen Pflanze hinzufügen. Der Topf wird ausreichend mit Wasser gefüllt, um die Pflanzenteile zu bedecken, zugedeckt, rasch auf eine Heizplatte gebracht und das Wasser erhitzt, bis es leicht sprudelt. Dann läßt man das Wasser im nicht bedeckten Topf etwa halbe Stunde weiterköcheln. Danach nimmt man das Kochgefäß von der Platte und wartet bis der Inhalt abgekühlt ist. Die festen Teile werden entfernt und die Flüssigkeit stehengelassen, bis der Satz sich abgesetzt hat. Die Essenz wir in einen Krug oder eine Kanne abgeseiht und wiederum stehengelassen.

Dieser Vorgang wir so oft vorgenommen, bis sich kein Satz mehr bildet. Dieser einfache alchemistische Prozeß überträgt die Heilkräfte der Blumen direkt auf die Trägersubstanz Wasser. Dann wird die so gewonnene Mutteressenz mit Alkohol konserviert.

Die Flower Essence Services (FES) in Kalifornien gehen bei ihrer wissenschaftlichen Herstellungsmethode noch einen Schritt weiter, um Reinheit und Qualität der Essenzen sicherzustellen. Es kann mehrere Jahre dauern um die rechten Bedingungen für die Herstellung einer Blütenessenz hoher Qualität zu schaffen. „Hört" man sorgfältig auf die Pflanzen, kann man herausfinden, wann eine Pflazengattung als Ganzes den Höhepunkt ihrer Ausdruckskraft erreicht hat. Dann werden verschiedene Faktoren wie Tageszeit, Mondphasen, die Rhythmen der Sterne und Planeten und die Reinheit der vier umgebenden Elemente – Sonne, Wasser, Luft und Erde – betrachtet. Der Quintessenz–Faktor ist die innere Einstellung desjenigen Menschen, der die Blütenessenz herstellt. Alle Blütenessenzen werden in einem wachen, meditativen Zustand einzeln hergestellt und abgefüllt, denn es wurde erkannt, daß bei einem Vorgehen streng nach diesen Prinzipien, die Blütenessenzen ein tieferes, nachklingendes inneres Licht haben und keine höhere Potenzierung oder eine andere Schwingungsverstärkung benötigen.

Aber auch bei der Herstellung von Blütenessenzen für den eigenen Gebrauch sollten folgende Aufzeichnungen gemacht werden.
- Ort und Zeit der Herstellung
- Art der Herstellung, ob mit Sonnenschein– oder Kochmethode
- Botanischer Name, Beschreibung der Pflanze, Art und Farbe der Blüte
- Gedanken, Gefühle und Erkenntnisse über die Qualitäten der Blütenessenz bei der Herstellung und bei der Verwendung.

Die botanischen Namen der Blütenessenzen und ihre deutschen Entsprechungen

○ Agrimony	Agrimonia eupatoria	Gewöhnlicher Odermennig
△ Aloe Vera	Aloe vera	Aloe *
△ Angelica	Angelica archangelica	Engelwurz, edle oder zahme Angelika, Brustwurz
△ Arnica	Arnica mollis	Arnika *
○ Aspen	Populus tremuloides	Zitter–Pappel, Espe
△ Basil	Ocimum basilicum	Basilikum, Basilienkraut
○ Beech	Fagus sylvatica	Rotbuche
△ Black–Eyed Susan	Rudbeckia hirta	Rauhe Rudbeckie, rauhhaariger Sonnenhut
△ Blackberry	Rubus ursinus	Brombeere *
△ Bleeding Heart	Dicentra formosa	Flammendes Herz, Tränendes Herz *
△ Borage	Borago officinalis	Echter Borretsch, Gurkenkraut
△ Buttercup	Ranunculus occidentalis	Hahnenfuß *
△ Calendula	Calendula officinalis	Echte Ringelblume
△ California Pitcher Plant	Darlingtonia californica	Kalifornische Kobrapflanze
△ California Poppy	Eschscholzia californica	Goldmohn
△ California Wild Rose	Rosa californica	Kalifornische Heckenrose, Hagebutte
△ Calla Lily	Zantedeschia sp.	Zimmer–Calla *
△ Canyon Dudleya	Dudleya cymosa	Nabelkraut
△ Cayenne	Capsicum annuum	Einjähriger Paprika, Schotenpfeffer
○ Centaury	Centaurium umbellatum	Echtes Tausendgüldenkraut
○ Cerato	Ceratostigma willmottiana	Bleiwurz *
△ Chamomile	Anthemis cotula	Stinkende Hundskamille
△ Chaparral	Larrea sp.	Jochblattgewächse *
○ Cherry Plum	Prunus avium	Süßkirsche
○ Chestnut Bud	Aesculus hippocastanum	Knospe der Roßkastanie
○ Chicory	Cichorium intybus	Gewöhnliche Wegwarte,

		Zichorie
○ Clematis	Clematis vitalba	Weiße od. gewöhnliche Waldrebe
△ Corn	Zea mays	Mais
○ Crab Apple	Malus pumila	Holzapfel, Apfelbaum
△ Dandelion	Taraxacum officinale	Gewöhnlicher Löwen- zahn
△ Deer Brush	Ceanothus integerrimus	Säckelblume *
△ Dill	Anethum graveolens	Echter Dill
△ Dogwood	Cornus nuttalii	Hornstrauch *
○ Elm	Ulmus procera	Ulme *
△ Fairy Lantern	Calochortus albus	Mormonentulpe *
△ Filaree	Erodium circutarium	Gewöhnlicher schier- lingblättriger Reiher- schnabel
△ Forget-me-not	Myosotis sylvatica	Wald-Vergißmeinnicht
△ Fuchsia	Fuchsia hybrida	Gekreuzte Fuchsie
△ Garlic	Allium sativum	Knoblauch
○ Gentian	Gentiana amarella	Herbst-, bitterer Enzian
△ Golden Ear Drops	Dicentra chrysantha	Flammendes Herz, Trä- nendes Herz *
△ Goldenrod	Solidago canadensis	Kanadische Goldrute
○ Gorse	Ulex europaeus	Stechginster
○ Heather	Calluna vulgaris	Schottisches Heidekraut, Besenheide, Blauheide, Moosheide *
△ Hibiscus	Hibiscus sp.	Hibiscus
○ Holly	Ilex aquifolium	Stechpalme *
○ Honeysuckle	Lonicera caprifolium	Geißblatt *
○ Hornbeam	Carpinus betulus	Weiß- oder Hainbuche, Hagenbuche
△ Hound's Tongue	Cynoglossum grande	Große Hundszunge
○ Impatiens	Impatiens glandulifera	Drüsentragendes Spring- kraut od. Balsamine
△ Indian Paintbrush	Castilleja miniata	Maulbeergewächse *
△ Indian Pink	Silene californica	Kalifornisches Leimkraut
△ Iris	Iris douglasiana	Schwertlilie *
○ Larch	Larix decidua	Lärche
△ Larkspur	Delphinium depauperatum	Rittersporn *
△ Lavender	Lavendula officinalis	Echter Lavendel
△ Lotus	Nelumbo nucifera	Lotusblume
△ Madia	Madia elegans	Oelmadie *
△ Mallow	Malva parviflora	Malve *
△ Manzanita	Arctostaphylos viscida	Bärentraube *

103

△ Mariposa Lily	Calochortus leichtlinii	Mormonentulpe *
○ Mimulus	Mimulus guttatus	Gefleckte Gauklerblume
△ Morning Glory	Ipomoea purpurea	Purpurwinde oder Prunkwinde
△ Mountain Pennyroyal	Monardella odoratissima	Pferdeminze, Monarde
△ Mountain Pride	Penstemon newberryi	Bartfaden *
△ Mugwort	Artemisia douglasiana	Beifuß *
△ Mullein	Verbascum thapsus	Kleinblütige Königskerze
○ Mustard	Sinapis arvensis	Wilder od. Ackersenf, Rübenkohl
△ Nasturtium	Tropaeolum majus	Große Kapuzinerkresse
○ Oak	Quercus robur	Eiche *
○ Olive	Olea europaea	Olivenbaum
△ Oregon Grape	Berberis aquifolium	Berberitze, Sauerdorn *
△ Penstemon	Penstemon davidsonii	Bartfaden *
△ Peppermint	Mentha piperita	Pfefferminze
○ Pine	Pinus sylvestris	Kiefer, Föhre *
△ Pink Monkeyflower	Mimulus lewisii	Gauklerblume *
△ Pink Yarrow	Achillea millefolium	Gewöhnliche Schafgarbe
△ Poison Oak	Rhus diversiloba	Sumach *
△ Pomegranate	Punica granatum	Granatapfelbaum
△ Quaking Grass	Briza maxima	Großes Zittergras
△ Quince	Chaenomeles speciosa	Zierquitte *
△ Rabbitbrush	Chrysothamnus nauseosus	Korbblütler *
○ Red Chestnut	Aesculus carnea	Roßkastanie (rote) *
△ Red Clover	Trifolium pratense	Wiesen–Rotklee
○ Rock Rose	Helianthemum nummularium	Gelbes od. gewöhnliches Sonnenröschen
○ Rock Water		Wasser aus heilkräftigen Quellen
△ Rosemary	Rosmarinus officinalis	Rosmarin
△ Sage	Salvia officinalis	Garten–Salbei, Echter Salbei
△ Sagebrush	Artemisia tridentata	Beifuß *
△ Saguaro	Cereus giganteus	Saguaro–Riesensäulen-kaktus
△ Saint John's Wort	Hypericum perforatum	Gewöhnliches Johannis-kraut
△ Scarlet Monkeyflower	Mimulus cardinalis	Gauklerblume *
○ Scleranthus	Scleranthus annuus	Einjähriger Knäuel
△ Scotch Broom	Cytisus scoparius	Besenginster
△ Self–Heal	Prunella vulgaris	Gewöhnliche Braunelle
△ Shasta Daisy	Chrysanthemum maximum	Verschiedenblättrige Margerite

△ Shooting Star	Dodecatheon hendersonii	Götterblume, Riesen-Zyklame
○ Star of Bethlehem	Ornithogallum umbellatum	Doldiger Milchstern
△ Star Thistle	Centaurea solstitialis	Sonnenwend-Flockenblume
△ Star Tulip	Calochortus tolmiei	Mormonentulpe *
△ Sticky Monkeyflower	Mimulus aurantiacus	Gauklerblume *
△ Stinging Nettle	Urtica dioica	Große Brennessel *
△ Sunflower	Helianthus annuus	Einjährige Sonnenblume
○ Sweet Chestnut	Castanea sativa	Eß- od. Edelkastanie
△ Sweet Pea	Lathyrus latifolius	Breitblättrige Platterbse
△ Tansy	Tanacetum vulgare	Rainfarn
△ Tiger Lily	Lilium columbianum	Lilie *
△ Trillium	Trillium chloropetalum	Dreiblatt, Waldlilie *
△ Trumpet Vine	Campsis tagliabuana	Trompetenblume, Klettertrompete
○ Vervain	Verbena sp.	Eisenkraut *
○ Vine	Vitis vinifera	Weinrebe
○ Violet	Viola adunca	Veilchen
○ Walnut	Juglans regia	Walnuß
○ Water Violet	Hottonia palustris	Sumpfwasserfeder
○ White Chestnut	Aesculus hippocastanum	Roßkastanie (weiße)
○ Wild Oat	Bromus ramosus	Verzweigte Waldtrespe
○ Wild Rose	Rosa canina	Heckenrose, Hundsrose
○ Willow	Salix vitellina	Gelbe Weide, Dotter-Weide
△ Yarrow	Achillea millefolium	Gewöhnliche Schafgarbe
△ Yerba Santa	Eriodictyon californicum	Heiliges Kraut
△ Zinnia	Zinnia elegans	Zinnie

Zeichenerklärung:

○ = Bach-Blütenessenz
△ = Kalifornische Blütenessenz
* = Hier ist nur der Gattungsname erwähnt, entweder weil die Art nicht definiert ist (sp.) oder weil diese Art in Mitteleuropa nicht vorkommt.

Fallstudien mit Kindern

Furcht, Angstgefühle, Alpträume, aggressives Verhalten

Ausgewählte Blütenessenzen: *Mariposa Lily, Self—Heal, Sunflower*

Folgender Fall wurde von einer Kindertherapeutin berichtet, die in ihren Therapien mit Kindern immer Blütenessenzen verwendet:
Ein vierjähriger Junge zeigte viele Anzeichen äußerster Furcht, die sich bis zu dem Zeitpunkt zurückverfolgen ließen, als seine Mutter ihn mit zwei Jahren verließ und er daraufhin zu einer Pflegefamilie kam. In die Therapie kam er, nachdem er von einer anderen Familie adoptiert worden war. Er hatte schwere Phasen von starken Angstgefühlen, Alpträumen und aggressivem Verhalten gegenüber seiner neuen Mutter. Es schien, daß dieser Junge nie würde seinen eigenen Identitätskern ausbilden können, was normalerweise bei der „psychologischen Geburt" zwischen zweieinhalb und drei Jahren geschieht. Er sagte zu sich selbst nicht „ich".
Die Blütenessenz *Mariposa Lily* wurde gegeben, um die unterbrochene Bindungsfähigkeit während seiner kritischen Jahre wiederherstellen zu helfen. *Self—Heal* wurde als Katalysator für die allgemeine Heilung hinzugefügt und um größeres inneres Vertrauen und Selbstbemeisterung zu entwickeln. Die Blütenessenz *Sunflower* erhielt er, damit er sein inneres Selbst oder Ich—Bewußtsein finden konnte.
Nach zwei Monaten war das Kind in der Lage, sein Selbst zu konstellieren und das erste Mal „ich" zu sagen. Dieses Erkennen spiegelte sich auch in der Therapie wieder. In seinem gesamten Verhalten konnte ein deutlicher Wandel konnte beobachtet werden. Die Wutausbrüche nahmen ab, die Schreckhaftigkeit nachts wurde gemindert und er empfand mehr Zuneigung zu seinen neuen Eltern

**Saint
John's Wort**

**Hypericum
perforatum**

**Gewöhnliches
Johanniskraut**

und ein besseres Verhältnis zu den beiden Geschwistern, die sechs Monate und ein Jahr alt waren. Er zeigte auf Dauer seinem Alter entsprechende emotionale Reife ohne größere Rückschläge oder Symptome regressivem Verhaltens.

Hyperaktives Kind

Ausgewählte Blütenessenz: *Chamomile*

Der fünfeinhalbjährige Sohn einer Mutter wurde von Kindergärtnerin und Kinderarzt als hyperaktiv diagnostiziert. Der Mutter wurde vorgeschlagen, ihrem Sohn ein allopathisches Beruhigungsmittel zu geben, aber sie fühlte eine Abneigung gegen Tranquilizer. Stattdessen änderte sie seine Ernährung und verbannte sämtlichen Zucker aus der Diät ihres Sohnes. Sie beobachtete eine Abschwächung seiner Symptome, aber viele Probleme bestanden weiter.

Ein Freund berichtete ihr von der Wirkung der *Chamomile*-Blütenessenz bei hyperaktiven Kindern. Sie gab ihrem Sohn einen Monat lang viermal täglich vier Tropfen dieser Blütenessenz. Sie schrieb: „Jetzt beobachtete ich eine wirkliche Veränderung bei meinem Sohn. Es waren gerade Weihnachtsferien und normalerweise wäre er völlig unkontrollierbar gewesen. Doch er war ruhig und gelassen". Sie fragte sich, ob nur ihr das so vorkam, bis er wieder in den Kindergarten ging und die Kindergärtnerin sie fragte, was sie für ihren Sohn getan hätte. Er hatte aufgehört, im Kindergarten zu lärmen und alles zu zertrümmern. Von seinen Spielkameraden bekam er Lob für sein Verhalten.

Depressionen

Ausgewählte Blütenessenzen: *Blackberry, California Wild Rose, Clematis, Gorse*

Ein dreizehnjähriges Mädchen wurde wegen starker Depressionen und Einsamkeitsgefühle behandelt. Es wollte die Schule verlassen, da es sich zu zerbrechlich und den Erfordernissen der Schule nicht gewachsen fühlte. Deshalb wollte es auch die Schularbeiten nicht machen. Das Mädchen bekam folgende Blütenessenzen: *Gorse,* um das Gefühl der Hoffnungslosigkeit zu meistern und *Clematis,* um seiner Neigung, sich zurückzuziehen und sich zu isolieren entgegenzuwirken. *Blackberry* sollte mehr aktives Interesse wecken, seine Situation zu ändern und durch *California Wild Rose* sollte es eine positive Lebenseinstellung und mehr Vitalität erlangen.

Nach zwei Wochen hatte eine bemerkenswerte Wandlung in der Gefühlshaltung des Mädchens stattgefunden. Es entschied sich, an der Schule zu bleiben und berichtete, daß es neue Freunde gefunden hatte. Einer davon war ein Junge. Es gab Anzeichen eines neuen Selbstbewußtseins.

Magersucht, geringes Selbstvertrauen, soziale Entfremdung

Ausgewählte Blütenessenzen: *Fuchsia, Sweet Pea, California Wild Rose*

Ein dreizehnjähriges Mädchen wurde zur Behandlung gebracht, da seine Eltern befürchteten, es hätte Magersucht. In der Schule wollte es nicht zu Mittag zu essen und zu Hause mußte man es dazu überreden, ein leichtes Mahl zu sich zu nehmen. Das Mädchen hatte ein schwaches Körperbewußtsein, geringes Selbstvertrauen und zeigte viele Formen der Eifersucht gegenüber seinen jüngeren Geschwistern. Man wählte eine Kombination therapeutischer Maßnahmen aus Spieltherapie, Körperarbeit und Blütenessenzen.

Die Blütenessenz *Fuchsia* wurde ausgewählt, um ihm bei den vielen blockierten Emotionen, die es im Körper zurückhielt, zu helfen. *Sweet Pea* sollte sein Gefühl der sozialen Entfremdung und Distanzierung überwinden und *California Wild Rose* sein Gefühl der Begeisterung und sein Interesse am Leben wiederherstellen.

Am Ende der kurzen Therapiesitzungen fing das Mädchen an, bedeutende Fortschritte in verschiedenen Bereichen seines Lebens zu machen. Es bereitete sich selbst sein Essen zu und aß öfter. Es zeigte größere Zuneigung zu den anderen Familienmitgliedern und beteiligte sich in offener Kommunikation. In der Schule schloß es Freundschaften.

Eine Kontrolluntersuchung nach einem Jahr ergab, daß das Mädchen sehr glücklich war und regelmäßig aß. Es war Vize-Klassensprecherin in der Klasse seiner neuen Schule geworden.

Bewegungsstörungen

Ausgewählte Blütenessenzen: *Borage, Fuchsia, Iris, Morning Glory, Penstemon*

Ein siebenjähriger Junge, der mit einem Hydrozephalus (Wasserkopf) zur Welt kam, hatte Lähmungen. Seine Denkfähigkeit wurde durch eine Umgehung in seinem Kopf, die die Flüssigkeit von seinem Gehirn ableitete, erhalten. Er konnte jedoch weder sprechen noch konnte er nicken, denn sein Kopf war fixiert. Seine Bewegungen waren zerstreut und unkoordiniert. Er war unfähig, sich vorwärts zu bewegen und konnte auch nicht richtig greifen.

Zuerst wurde der Junge mit Tiefengewebsbehandlung, Klangtherapie und Handauflegen behandelt. Am Ende der ersten Behandlung wurden mit Hilfe eines Pendels Blütenessenzen ausgewählt. Die angezeigten

Essenzen waren: *Penstemon* gegen die aufkommende Hoffnungs-losigkeit und Not, *Iris,* um die Gefühle der Frustration zu trans-formieren und *Morning Glory,* um aus festsitzendem Verhalten auszubrechen.

Beim zweiten Besuch drei Wochen später, konnte der Junge hörbar „Mama" sagen und er versuchte auch andere Laute. Seine Hände be-wegten sich zwar unvollkommen aber im Gleichklang, so daß er Gegenstände halten konnte. Es fiel ihm leicht, zehn und mehr Schritte zu gehen und er antwortete anderen mit Augenkontakt und durch Nicken. Er fügte sich sehr gut in seinen neuen Lernprozeß und seine Mutter berichtete, daß er viel zugänglicher wurde.

Während der Behandlung war er sehr empfindsam, weinerlich und verschlossen gewesen. Tiefengewebsbehandlungen seiner Beine halfen ihm, sich aufzurichten. Die Auswahl an Blütenessenzen umfaßte weiterhin *Penstemon* und *Morning Glory.* Hinzu kam *Borage* um ihn aufzumuntern und ihm den Kummer und die Entmutigung zu nehmen. *Fuchsia* war angezeigt für die Arbeit an unterdrückten Gefühlen.

Eine dritte Behandlung wurde zwei Wochen später in der Schule durchgeführt.

Während der Therapie ließ er die Grenzen seiner Duldsamkeit erkennen, indem er sich zurückzog, wenn er etwas nicht wollte. Er war jedoch freundlich und interessierte sich für die Klangtherapie und die Tiefengewebsarbeit.

Die Blütenessenzen wurden weiter gegeben, denn sie schienen die Wirkung der Körpertherapie zu steigern, Gefühlsblockaden zu lösen und ihn empfänglicher für tiefere Änderungen auf vielen Ebenen zu machen.

Körperlicher Mißbrauch

Ausgewählte Blütenessenzen: *Blackberry, Heather, Larch*

Ein Mädchen wurde im Alter von zweieinhalb Jahren körperlich mißbraucht. Mit fünf Jahren wurde es in einem Pflegeheim untergebracht.
Ein halbes Jahr danach wurde es adoptiert und in die Therapie
gebracht.
Es hatte eine mangelhafte Vorstellung von sich selbst und kein Gefühl
für den Selbstwert. In Beziehung zu Erwachsenen wurde es von Ängsten überflutet.
Seine dreimonatige Therapie bestand in Jung'schen Sandkastenspielen
und in der Behandlung mit den Blütenessenzen *Blackberry, Heather*
und *Larch.*
Anfänglich meinte man, das Mädchen sei zurückgeblieben, aber es war
imstande, die Schule erfolgreich zu beginnen. Das Kind war auch in
der Lage, das Trauma des Verlassenseins aufzulösen und sich in
relativ kurzer Zeit erfolgreich an die neuen Eltern zu binden. Eine
Kontrolluntersuchung nach sechs Monaten zeigte, daß es das geänderte
Verhalten beibehielt. Es wurde ein glückliches Kind, das auch einer
Fußballmannschaft angehörte, sich gut mit seinem Bruder in der neuen
Familie verstand und starke Gefühle der Annahme gegenüber seinen
Zieheltern zeigte.

Sprechprobleme, Alpträume, schwaches Selbstvertrauen

Ausgewählte Blütenessenzen: *Fuchsia, Goldenrod, Gorse, Yerba
Santa, Trumpet Vine, Quaking Grass*

Ein fünfjähriger Junge wurde behandelt, da er nicht fließend sprechen
konnte und plötzlich stotterte. Das passierte ein Jahr vor der Behandlung mit Blütenessenzen. Er hatte starke Alpträume, ein schwaches

Selbstvertrauen, bekam häufig Wutanfälle, war sehr abhängig, emotional zurückgeblieben und verständigte sich in Babysprache.

Zusätzlich zur einer Therapie nach Jung bekam er für drei Monate Blütenessenzen. Deutliche Verbesserungen waren innerhalb von zwei Monaten zu sehen und das Stottern verschwand nach drei Monaten vollständig.

Eine Kontrolluntersuchung nach sechs Monate ergab, daß das Stottern nicht wiedergekehrt war. Außerdem war das Kind jetzt glücklicher und zeigte eine bessere gefühlsmäßige Wahrnehmung und seinem Alter gemäße Reife.

Die Blütenessenzen der Wahl waren anfänglich: *Yerba Santa, Fuchsia* und *Goldenrod*. Nach einem Monat der Einnahme dieser Essenzen wurde eine zweite Gruppe mit
Gorse, Trumpet Vine und *Quaking Grass* gegeben.

Trennungsschmerz, Erdung

Ausgewählte Blütenessenzen: *Blackberry, Manzanita, Sunflower, Penstemon*

Mädchen, zehn Monate alt. Der Vater war auf Geschäftsreise und die anderen Kinder der Familie, zwei und vier Jahre älter, waren ebenfalls abwesend. Das Mädchen fühlte sich hilflos und schrie viel. Ihr Koller hielt auch an, als die Familie ein paar Tage später wieder vereint war. Das Zahnen wurde verdächtigt, zu seiner Verstimmung beizutragen. Mit Hilfe des Pendels wurde *Penstemon* ausgewählt, um mit der Situation umzugehen, die wie ein Liebesentzug durch die Familie aussah. *Blackberry* wurde hinzugefügt, um dem Mädchen mehr Vertrauen in seine Möglichkeiten der eigenen Verwirklichung zu geben.

Sunflower sollte helfen, mit der vorübergehenden Abwesenheit seines Vaters umgehen zu lernen. *Manzanita* sollte eine bessere Erdung des Körpers ermöglichen.

Innerhalb einer Woche hatte das Baby einen neuen Zahn bekommen und war wieder normal und übersprudelnd.

Daumenlutschen, Sprechprobleme, Verlassenheitsängste

Ausgewählte Blütenessenzen: *Chamomile, Mariposa Lily, Trumpet Vine*

Ein sechseinhalbjähriges Mädchen, ein Einzelkind, wurde wegen Daumenlutschens, zögerndem Sprechen, Verlassenheitsängsten und stark zurückgebliebenem Verhalten in die Therapie gebracht. Auch jammerte es und sprach in der Babysprache. Es wurden die Blütenessenzen *Chamomile, Mariposa Lily* und *Trumpet Vine* ausgewählt.

Das Mädchen hatte nur acht Behandlungen und zeigte beträchtliche Fortschritte. Es entwickelte sein Verhalten und erreichte eine neue Ebene gefühlsmäßigen Wohlbefindens.

Ein Test zeigte einen höheren Grad der Besserung bei durchschnittlichem Funktionieren im sozialen Geschick und den schulischen Fähigkeiten. (Die Kindergärtnerin hatte zuvor verlangt, daß dieses Kind wegen seiner Gefühlsunreife zurückgestellt werden sollte).

Die Probleme beim Sprechen verschwanden vollständig und ein neues Selbstbewußtsein entstand, was sich auch im Gewinn des ersten Ranges in einem Reitwettbewerb am Ende der Therapie zeigte.

Sprechprobleme, Mutlosigkeit

Ausgewählte Blütenessenzen: *Self-Heal, Larch, Chicory, Willow, Pink Yarrow*

Eine Mutter berichtete, daß ihr siebeneinhalbjähriger Sohn eine schwierige Phase in der Schule durchlebte. Wegen seiner Sprechprobleme hatte er Schwierigkeiten mit der Phonetik, dem Lesen und dem Schreiben. Obwohl sich nach einer Heilbehandlung seine Sprache wesentlich verbesserte, wurde er extrem mutlos und fühlte, daß er keinen Erfolg haben konnte. Er erwartete, daß die anderen Kinder ihn verurteilten und daß er versagen würde. Die Mutter schrieb, daß ihr Sohn begann, zu Hause und in der Schule sehr weinerlich und quengelig zu werden und anderen zu Hause die Schuld gab.

Nachdem er ein paar Tage die Blütenessenzen *Self-Heal, Larch, Chicory, Willow* und *Pink Yarrow* genommen hatte, zeigten seine Einstellungen ein positive Wandlung. Innerhalb von ein paar Wochen berichteten seine Lehrer von außerordentlichen Fortschritten. Sie schrieben auf seine Berichtskarte: „Daniel hat in den letzten Wochen wesentliche Fortschritte gemacht. In Rechtschreiben und Phonetik ist sein Fortschritt größer als erwartet".

Seine Mutter berichtete dazu: „Es war wunderbar zu beobachten, wie sich Daniel gewandelt hat, aus einem Kind, das nicht zur Schule gehen wollte, das depressiv, entmutigt und fordernd war, in ein Kind, das nun enthusiastisch ist. Es hat das Gefühl, daß alles möglich ist und freut sich wieder auf die Schule".

Sie benutzte das Pendel um die Essenzen auszuwählen, abzustimmen und zu wechseln. *Chicory, Self-Heal* und *Pink Yarrow* blieben weiterhin.

Unangenehme Erfahrungen

Ausgewählte Blütenessenzen: *Penstemon, Cherry Plum, Red Chestnut*

Ein einundzwanzig Monate altes Mädchen hatte ernst unter den Folgen der Berührung mit einer giftigen Pflanze zu leiden. Es war noch lange nachdem die Beschwerden abgeklungen waren sehr quengelig und gereizt. Hinzu kam noch die Sorge des kleinen Mädchens um ihren älteren Bruder, um den ein Vormundschaftsstreit ausgetragen wurde. Obwohl es die Situation nicht verstehen konnte, wußte das Mädchen, daß etwas nicht in Ordnung war.

Die Blütenessenzen *Penstemon, Cherry Plum* und *Red Chestnut* wurden gewählt und nach zwei Gaben innerhalb von drei Stunden hatte das Mädchen sein normales heiteres, lachendes Wesen wiedererlangt und es blieb auch so.

Verzweiflung

Eingesetzte Blütenessenzen: *Chamomile, Mariposa Lily, Rock Rose*

Einer der aufschlußreichsten und bewegendsten Fälle ist der eines kleinen Mädchens mit einem Leberleiden. Hier war das Trauma, das das junge Mädchen erlebte, nicht nur seine Krankheit, sondern die extreme Angst und Verzweiflung seiner Eltern.

Die Blütenessenz *Rock Rose* wurde zu vier Tropfen viermal täglich gegeben. Nachdem das Mädchen mit der Panik umgehen konnte, wurden *Mariposa Lily* und *Chamomile* eingesetzt. Nach einer Woche kam der Appetit des kleinen Mädchens wieder und man konnte erkennen, daß die Essenzen schnell und wirkungsvoll arbeiteten – sie führten zu einer plötzlichen Klärung. Ohne die Essenzen wäre derselbe Prozeß schwieriger und unsicherer verlaufen.

Wiederherstellung nach Erkältung

Ausgewählte Blütenessenzen: *Chamomile, Self-Heal, Yarrow*

Fallstudie über die fünfjährige Enkelin einer Therapeutin.
Die Blütenessenz-Kombination *Chamomile, Self-Heal und Yarrow*
wurde dem kleinen Mädchen gegeben, um eine rasche Wiederher-
stellung nach einer Erkältung einzuleiten.
Dieselbe Kombination wurde nochmals eingesetzt um nervöses
Verhalten, Reizbarkeit und negative Einstellung zu behandeln.
Gleichzeitig wurden die Blüten gezeichnet, aus denen die Essenzen
stammten und über deren Wachsen gesprochen. Es wurde eine
Mischung von zwei Tropfen der Blütenessenzen in Wasser hergestellt.
Das Mädchen nahm die Flasche zu sich nach Hause.
Es wurde wieder sonnig, nahm Anteil und hatte eine bemerkenswert
bessere Einstellung ins Bett zu gehen.

Nervosität, geringes Konzentrationsvermögen

Ausgewählte Blütenessenzen: *Clematis, Pink Yarrow, Yarrow*

Ein siebenjähriges Mädchen hatte in der Schule viele Probleme mit
dem Lesen und Therapeuten hatten sie schon als Legasthenikerin
eingestuft. Sie hatte Untergewicht und zeigte viele Formen nervösen
und sprunghaften Verhaltens. Ihre Aufmerksamkeit war gering und das
Interesse am Lesen mangelhaft.
Bei einem Hausbesuch bei den Eltern entdeckte die Lehrerin, daß die
Mutter sich kurz zuvor wieder verheiratet hatte. In den letzten Jahren
hatten sehr viele unstabile Lebenssituationen geherrscht. Die Lehrerin
bemerkte, daß die Lebensbedingungen zu Hause immer noch ziemlich
chaotisch waren. Beim Gespräch mit der Mutter schlug sie vor,
Blütenessenzen anzuwenden und betonte auch, wie wichtig eine
ordentliche, ruhige Umgebung für das kleine Mädchen wäre.

Man wählte die Blütenessenzen *Yarrow, Pink Yarrow* und *Clematis,* um das äußerst empfindsame und verletzliche Wesen des Kindes anzusprechen und um zu helfen, die ziemlich chaotische psychische Umgebung, in der das Mädchen lebte, umzuformen.

Innerhalb von mehreren Wochen wurde ein sehr positiver Wandel sowohl zu Hause wie in der Schule sichtbar. Besonders hinsichtlich seiner nervösen Gewohnheiten wie Zappeln und Schnellreden. Die Lehrerin arbeitete auch mit dem Kind, um in dessen Schulaktivitäten so viel Ordnung und Sammlung zu bringen wie möglich. In geringerem Maß geschah dies auch zu Hause. Die Mischung der Essenzen wurde etwa drei Monate verabreicht. Bis dahin hatte sich die Lesefreudigkeit des Kindes gesteigert und es war lebhaft und aktiv an der Schule interessiert. Es nahm während dieser Zeit zu und begann auch viele ihrer „mäkeligen" Eßgewohnheiten zu ändern. Ganz allgemein begann es sich mehr für die physische Welt zu interessieren und schien besser inkarniert in seinem Körper. Am Ende des Schuljahres wurde es in den schulischen Tests nicht mehr als leseschwach diagnostiziert.

Teilnahmslosigkeit, Eßstörungen

Eingesetzte Blütenessenzen: *Chamomile, Self-Heal, Yarrow*

Folgenden Fall schilderte eine Großmutter über ihre fünfjährige Enkelin, die sie tagsüber betreute.

Als ihre Enkelin eines Morgens ankam, war sie teilnahmslos und matt und hatte seit drei Tagen nichts im Magen behalten können, auch kein Wasser. Sie bekam die Blütenessenzen *Chamomile, Self-Heal* und *Yarrow* in kurzen Abständen. *Chamomile* wurde ihr gegeben, um die emotionalen Spannungen zu lösen, *Self-Heal,* um ihre eigene innere Kraft für ein gutes Befinden zu stärken und Yarrow, *als* Schutz vor den äußeren negativen Einflüssen.

Am späten Morgen verkündete sie, sie habe Hunger auf Rührei mit Toast und Getreideflocken. Nach diesem herzhaften Gabelfrühstück beschloß sie, Ballett zu üben. Als ihre Mutter um 17 Uhr kam, sagte diese: „Ich kann es kaum glauben, daß dies dasselbe Mädchen ist, das ich heute früh hier ließ".

Man gab dieselben Blütenessenzen zu Hause weiter, wo Familienmitglieder bemerkten, daß Nervosität, Reizbarkeit und Negativität, die das Kind in den letzten Wochen gezeigt hatte, sich sehr gemildert hatten.

Angstzustände, Bettnässen, Alpträume

Ausgewählte Blütenessenzen: Saint John's Wort, Chestnut Bud

Eine Ärztin für Homöopathie und Naturheilverfahren berichtete über den Fall ihres eigenen fünfjährigen Sohnes, der Probleme mit Bettnässen hatte. Diese Probleme bewegten sich auf einen Höhepunkt zu, mit Fieber und Alpträumen. Er mußte ständig in der Nähe seiner Mutter sein und war stark fixiert auf die Angst vor einem Bären, den er im Traum gesehen hatte. Homöopathische Medikamente halfen etwas, ebenso *Rescue Remedy*[R]. Die Eneuresis (Bettnässen) ging jedoch weiter. Auch bedeckte er nachts seinen Kopf mit einer Decke und erzählte weiterhin von Angstträumen. Er erhielt nur die Blütenessenz *St. John's Wort,* was allmählich das Bettnässen heilte.

Nach weiteren zwei Monaten schien er vollkommen gebessert zu sein. Einmal hatte er einen kurzen Rückfall in das alte Verhalten. *Chestnut Bud* wurde dem *St. John's Wort* hinzugefügt, was ihm half, sich seines Lernprozesses zu erinnern und sein neues Verhalten beizubehalten. Jetzt schlief er nachts gut, bedeckte seinen Kopf nicht mehr und hatte keine nächtlichen Ängste. Das Bettnässen war völlig verschwunden.

Angstzustände, Bettnässen, Alpträume

Ausgewählte Blütenessenzen: *Saint John's Wort, Rescue Remedy*[R]

Eine Anwenderin verwendete *Saint John's Wort* bei ihrem zwei Jahre alten Sohn, der an Angstzuständen, Alpträumen und Bettnässen litt. Zuerst gab sie ihm *Rescue Remedy*[R], einige homöopathische Medikamente und eine Blütenessenzkombination. Dann gab sie ihm nur die Blütenessenz *Saint John's Wort* und fand, daß er ungeahnte Fortschritte im Verlauf weniger Monate machte – er schlief gut, fürchtete sich nicht mehr und stand nachts auf, um zur Toilette zu gehen.

Mutterschaft

Ausgewählte Blütenessenz: *Mariposa Lily*

Ein bemerkenswerter Fall trug sich vor vielen Jahren zu, als man über die Qualitäten der Blütenessenz *Mariposa Lily* noch Forschungen betrieb.

Eine Frau berichtete, daß sie eine starke, intuitive Anziehung für diese Blütenessenz spürte, obgleich sie deren Eigenschaften nicht kannte. Sie hatte kürzlich ein Kind durch Fehlgeburt verloren und fühlte großen Kummer darüber und Zweifel an ihren eigenen mütterlichen Fähigkeiten. Sie nahm diese Blütenessenz über einen Zeitraum von mehreren Wochen.

Zunächst fühlte sie ein sofortiges Nachlassen des Schmerzes, so, als werde sie von einer „Spirituellen Mutter" gehalten und getröstet. Im Laufe der Zeit fühlte die Frau das Bedürfnis, mit ihrer eigenen Mutter Verbindung aufzunehmen, obwohl sie seit vielen Jahren einander entfremdet waren. Sie hatte das Gefühl, daß sie zu diesem Zeitpunkt die Bindung mit ihrer Mutter heilte, die seit der Kindheit gestört gewesen war. Es wurde ihr klar, daß dies eine starke Quelle ihrer

inneren Zweifel und Wunden hinsichtlich Mutterschaft war. Schließlich brachte sie erneut und erfolgreich ein Kind zur Welt.

Sanfte Wandlung des Selbst

Ausgewählte Blütenessenzen: *Chamomile, Chicory*

Der Fall einer Mutter mit zwei kleinen Kindern, einem Baby, das noch
gestillt wird und einer dreijährigen Tochter. Der Mann ist für einen
Monat abwesend. Die Dreijährige ist sehr fordernd und schläft
schlecht. Die Mutter fühlt sich überfordert. Mutter und Tochter
nehmen drei Wochen lang die Blütenessenzen *Chamomile* und
Chicory. Der Schlaf der Tochter und ihr Verhältnis zur Mutter
besserten sich beträchtlich. Die Mutter hatte lebhafte Träume. Sie wird
fähig, ihre Lage zu meistern und ihre Depression schwindet.

Alpträume

Ausgewählte Blütenessenz: *Saint John's Wort*

Der Patient war ein fünfjähriger Junge aus einer sehr liebevollen
Familie, der an Alpträumen litt. Der Therapeut beschrieb das Kind als
physisch und emotional in Ordnung, mit tiefer und guter Beziehung
zur Familie. Emotional erlebte es alles sehr intuitiv.
Nachdem es einige Tage die *Saint John's Wort*-Blütenessenz genommen hatte, schlief es besser. Es nahm die Blütenessenzen für drei Tage
weiter. Der Therapeut berichtete, daß der Junge jetzt tagsüber ruhiger
war, gern zu Bett ging und gut schlief. In seinen Zeichnungen
verwendete er nun hellere Farben.
Der Therapeut gab an, daß er Kinder anders behandle als Erwachsene.
Er ziehe es vor, nur eine Blütenessenz für jeden Einzelfall zu
verordnen. Das Maximum für Kinder dieses Alters seien drei Blüten-

essenzen. Er stellte auch fest, daß Kinder die Blütenessenzen gern nehmen und daß diese oft schneller wirken, als bei Erwachsenen.

Umzug in eine fremde Umgebung, Trennung vom Vater, Rivalität zum Freund der Mutter, Leseprobleme

Ausgewählte Blütenessenzen: *Holly, Peppermint, Madia, Bleeding Heart, Chestnut Bud*

Ein achtjähriges Mädchen, mit dem der Therapeut Sandkastentherapie durchführte, erhielt zusätzlich Blütenessenzen. Das Ziel des Therapeuten war es, dem Kind zu helfen, nach einem Umzug in eine fremde Stadt sich gut anzupassen und in der neuen Schule neue Freunde zu gewinnen. Das Mädchen war nun auch weiter weg von seinem Vater. Das Ziel der Mutter war es, die Rivalitätsgefühle der Tochter gegen ihren Freund zu mildern, ebenso deren inneres „Klammern" an die Mutter, sowie ihre Schwierigkeiten beim Lesenlernen.

1. Blütenessenzkombination:
Madia, um das Mädchen zu befähigen, sich aufs Lesenlernen zu konzentrieren.
Chestnut Bud gegen das Festgefahrensein und dagegen, daß das Mädchen die Lektionen ständig wiederholen mußte.
Peppermint für Aufmerksamkeit und Aufgewecktheit.
Holly gegen das Eifern auf den Freund der Mutter.
Bleeding Heart gegen das Bedürfnis, sich an die Mutter zu hängen.

Die Mutter berichtete, daß sich ihre Tochter in der Schule gut angepaßt habe, daß es ihr leichter fiele, Freunde zu gewinnen und obzwar ihr das Lesen immer noch Schwierigkeiten bereitete, so habe sich doch ihre Haltung geändert. Sie hatte mehr Zutrauen zu sich beim Lesen und las auch mehr.

2. Blütenessenzkombination:
Larch gegen die Angst davor, Neues auszuprobieren.
Sunflower gegen die Neigung, ständig um Erlaubnis zu bitten und gegen Schüchternheit.

Destruktive Gewohnheiten

Ausgewählte Blütenessenzen: *Chamomile, Fuchsia, Iris, Lavender, Manzanita, Mariposa Lily, Sweet Alyssum*

Die Mutter wollte ihrer siebenjährigen Tochter helfen, sich in einigen Dingen zu wandeln einschließlich folgender Punkte:
- Morgens glücklich und besonders ihrer Schwester gegenüber umgänglich zu sein.
- Sie zu befähigen, ihre tiefen Emotionen auf positive Weise auszudrücken, anstatt in aggressivem Zorn.
- Ihr zu helfen, sich sicher und geliebt zu fühlen.
- Ihr Bild von sich selbst zu ändern.

1. Blütenessenzkombination
Morning Glory, um ihr zu helfen, aus destruktiven Gewohnheiten auszubrechen.
Fuchsia, aus dem Gefühl heraus, daß Zorn und Ärger des Kindes unterdrückte Emotionen wie Furcht, Verletztheit, Scham und Schuld verdeckten.
Chamomile, zur Beruhigung, da das Kind heftige Temperamentsausbrüche hatte.
Mariposa Lily, um dem Kind zu helfen, menschliche Liebe empfinden zu können.
Nach dieser ersten Blütenessenzkombination besserte sich das Verhalten des Mädchens in bemerkenswerter Weise. Es wurde positiver und seine aggressiven Zornausbrüche nahmen ab. Es wurde offener in seinen Gefühlen. Ganz allgemein fühlte es sich sicherer und

124

Trumpet Vine   *Campsis*   *Trompetenblume*
                       tagliabuana   *Klettertrompete*

fing an, seiner Familie gegenüber mehr Liebe auszudrücken. Der Lehrer berichtete, daß das Mädchen sich in der Klasse besser beteiligte und selbstsicherer auftrat. Seine Stimme und der Blickkontakt wurden stärker und klarer.

2. Blütenessenzkombination

Fuchsia, um weiter seine tiefen Emotionen freizulassen,

Manzanita, um seine geringe Meinung von sich selbst, vor allem in Bezug auf seinen Körper zu ändern und insbesondere gegen die nervöse Gewohnheit, die Lippen zu lecken, wodurch diese arg rissig geworden waren. Diese Gewohnheit verschwand währen der zweiten Blütenessenzkombination ganz.

Lavender und *Iris.* Der Therapeut fand, daß *Lavender* gut gewählt war, weil es beruhigte. Die Schwester des Mädchens hieß Iris. Die Vorstellungskraft des Mädchens wurde lebendiger, detaillierter und imaginativer.

Sweet Alyssum – das Mädchen hieß Alyssum – als Hilfe, positiver, wärmer und liebevoller gegenüber ihrer Familie zu werden. Es wurde fähiger, Liebe zu geben und anzunehmen.

Das Mädchen bestimmte diese Kombination selbst. Es wählte unter den Blütenkarten der Flower Essence Services seine Lieblingsbilder aus. Die Blütenessenzen wurden in das Badewasser gegeben.

Stuhlverhalten

Ausgewählte Blütenessenzen: *California Wild Rose, Lotus, Stinging Nettle, Yarrow Special Formula, Yerba Santa, Zinnia*

Junge, dreieinhalb Jahre alt, schlank, blauäugig, zart, in der Iris spastische Ringe, lymphatische, harnsaure Diathese. Der Junge war verstockt, ältlich, niemals zugänglich gewesen für irgendwelche kindliche Spiele oder eine Kontaktaufnahme mit gleichaltrigen oder älteren Kindern. Er verschloß sich jeglicher Zuwendung, auch seitens der Mutter, nahm keine Spiele an und verschloß sich jedweder Aufforderung zum gemeinsamen Gestalten. Der Junge hing sehr an der Mutter und konnte nicht von ihr getrennt werden. Hauptproblem der Mutter mit dem Jungen war: Nach einer ein Jahr zurückliegenden Salmonelleninfektion verweigerte er das Stuhlabsetzen.

Er wurde sehr aggressiv, wobei sich seine Aggressionen in erster Linie gegen die Stuhlabsetzung und gegen die Mutter richteten. Bei der Stuhlabsetzung, zu der sich die Mutter zwei bis drei Stunden dazusetzte, hat er geschlagen, geweint, gekratzt, der Mutter Haare ausgerissen und alles getan, um nicht Stuhl absetzen zu müssen. Hinzu kamen körperliche Beschwerden wie ein vereiterter Milchzahn, der mittels Gewaltanwendung und einer Lachgasnarkose gezogen werden mußte. Ein zweiter Zahn fistelte. Ab diesem Zeitpunkt war der Junge nur noch aggressiv.

Vorgeschichte: Der Junge kam bereits als „Schreikind" auf die Welt. Er hat zweieinhalb Jahre in der Nacht nur geschrien und nicht geschlafen. Er verweigerte die Einnahme jedweder Medikamente mit einer Ausnahme. Das Mittel schmeckte nach gar nichts, war eine homöopathische Pastille und wurde freiwillig eingenommen.

Mit „Bach–Blüten" wurde der Junge hinsichtlich seiner Schlafstörungen seit seiner Geburt und während der Salmonelleninfektion begleittherapeutisch behandelt. Jetzt bestand das Hauptproblem darin: Das Kind stand vor dem Eintritt in den Kindergarten und es mußte sich einer gewissen Sauberkeitserziehung beugen und einer Hygiene nachgehen können.

Die Mutter selbst stand unter einem starken persönlichem, sprich verwandtschaftlichen und familiären Druck und hatte beschlossen, ihre Lebensumstände zu ändern, sich selbständig zu machen und ein Geschäft zu gründen. Deshalb lag ihr sehr daran, daß der Junge sich in die Sozialordnung des Kindergartens einfügen konnte. Vordergründig ging es der Mutter darum, daß der Junge regelmäßig Stuhl absetzte.

Zuerst wurden folgende Blütenessenzen ausgewählt: *Zinnia, Yarrow Special Formula* und *Lotus*.

Unter Zuhilfenahme von F. X. Passage setzte das Kind regelmäßig täglich und lustig seinen Stuhl ab. Die Mutter berichtete, daß das Kind viel aufgeschlossener wurde, sich mit Kindern und kindlichen Spielen beschäftigen konnte und sogar Interesse und Freude empfunden hatte. Das ging zwei Wochen gut, doch dann waren der Mutter die Blütenessenzen ausgegangen und in der drei- bis fünftägigen Zeit ohne Blütenessenzen fiel der Junge wieder in sein altes Verhalten zurück. In den darauffolgenden zwei Wochen der Therapie wurden eingesetzt: *Stinging Nettle, Lotus* und *California Wild Rose.* Der Junge setzte ab und zu Stuhl ab, entwickelte eine unwahrscheinliche Freude am Leben, am kindlichen Spiel und begann sehr viel zu sprechen und sich mitzuteilen, was vorher nicht der Fall gewesen war. Der Stuhlabgang war dann aber nicht mehr täglich und regelmäßig konstant.

Die Therapeutin erlebte den Jungen wie er von sich aus Spielsachen annahm und sich von sich aus über zehn bis fünfzehn Minuten mit Spielsachen beschäftigen konnte, die Therapeutin als Spielkameraden annahm und sich für kurze Zeit von der Mutter trennen konnte. Bei der letzten Sitzung zeigte das Kind äußerst schöne Entwicklungsstufen hinsichtlich Spielen, Kreativität, Freude und Lachen. Es konnte Lachen, reagierte auf Kitzeln und Liebkosungen und ließ sich auf den Arm nehmen.

Der Junge sagte später, Stuhlabsetzen würde ihm Schmerzen verursachen, was, zwar in seltenen Fällen aber doch, nach Salmonellenintoxikation bekannt ist. Auffallend war, daß der Junge zum ersten Mal mit dem fast sechsjährigen Sohn der Therapeutin auf optimale Weise spielen konnte.

Eine neuerliche Verordnung entsprach dann etwas anderen Gesichtspunkten. In erster Linie Spasmen lösende homöopathische Mittel um dem Jungen die Schmerzen zu nehmen, die er jetzt artikulieren konnte, in zweiter Linie Blütenessenzen, wobei wieder *Zinnia, Yarrow Special Formula* und *Yerba Santa* eingesetzt wurden. Yerba Santa wurde gewählt, um die melancholische Stimmungslage des Jungen aufzupolieren. Zu überlegen war noch, bei dem Jungen, daß es sich unter Umständen in irgendeiner Form überfordert fühlte, überfordert in dem

Sinne, daß es, nachdem es mit dem Stuhlabsetzen für einige Zeit optimal geklappt hatte, und dann wieder eine Pause eingetreten war, irgendwo entmutigt war. Aus der Entmutigung heraus drängte sich *Gentian* der Therapeutin auf, um ihm den Mut zu geben, den Stuhl wider dem Schmerz abzusetzen.

Vor Ablauf der Blütentherapie berichtete die Mutter, daß das Kind bewußt den Stuhl zurückdrängt und vor sich hinspricht: „Da bleib drin, ich will dich nicht haben,„.

Aus der Auswahl der Blütenessenzen mittels eines Tests ging hervor, daß der Junge einen starken Charakter hatte, er also willentlich sehr vieles bewirken konnte. Es wurde Elm eingesetzt und California Wild Rose, um ihm wiederum die Vitalität zu geben, wobei es auch für die Vitalität des Verdauungstraktes spricht.

Yarrow Special Formula wurde aus folgenden Gründen gewählt: Das Kind ist am 3. 10. 1986 geboren worden. Die Schwangerschaft war also bereits während des Tschernobyl–Unglücks im Gange, also unter erhöhter Strahlenbelastung. Stinging Nettle wurde gegeben, weil der sieben Jahre ältere Bruder sehr stark auf ihn einwirkte als Rivale um die Mutter und in der Lebenssituation der Mutter folgendes stattfindet: In dieser Familie gibt es eine starke Rivalitäten. Das Kind fühlt sich zerrissen in der Familie. Schwiegereltern, Eltern, Verwandtschaft haben viel mitzureden. Wir dürfen nicht denken, daß Kinder vom ersten Tag an bis zum ersten Schultag nicht registrieren, was um sie herum ausgetragen und vor allem verbal gesprochen wird. Das ist der größte Irrtum der Erwachsenen. Die Kinder können sich verbal zwar in dieser Zeit noch nicht wehren, aber sie nehmen sämtliche Sprach– formen und den Wortsinn auf. Auch die Strahlung, die davon ausgeht. In diesem Fall ist nicht das Elternhaus des Kindes zerrissen, sondern dessen Vater und Mutter sind im Zeitpunkt seines Werdens, seiner Prägephase auch Kinder, die zerrissen werden zwischen Schwieger– eltern und Eltern und der größeren Verwandtschaft. Das geht auf die Kinder über und sie empfinden es mit für Ihre Eltern, sie leiden mit ihren Eltern, nicht wegen ihrer Eltern, können sich aber noch nicht artikulieren, können sich nicht wehren.

Der Junge verlor seine Verkrampfungen und entwickelte sich zu einem fröhlichen und offenen Kind.

Trennung von Bezugsperson

Ausgewählte Blütenessenzen: *Beech, Chestnut Bud, Crab Apple, Dandelion, Holly, Honeysuckle, Larch, Olive, Rock Rose, Star of Bethlehem* und *Walnut*

Vorgeschichte

1. Schwangeschaft

Nach einer Fehlgeburt wurde die Frau zwei Monate später wieder schwanger. Diese Schwangeschaft war nicht mehr so unbeschwert wie die erste. Plötzliches Schwangerschaftserbrechen nach intensiven Traumphasen wurden vom Hausarzt mit einer Eigenurininjektion behandelt. Blütenessenzen begleiteten die Frau wegen ihrer Ängste um dieses Kind durch die gesamte Schwangerschaft.

2. Geburt

Benjamin kam zehn Tage nach dem errechneten Termin zu Hause zur Welt. Dei Geburt wurde von den Eltern als überwältigend schön, abere anstrengend empfunden. Die Hebamme fand die Entbindung schwer aber trotzdem mit gutem Verlauf. Der Junge hatte einen großen Kopf und zusätzlich die rechte Hand auf dem Kopf. Er war von Anfang an ein aufgewecktes, zufriedenes Kind.

3. Krankheitssymptome

Ab dem zehnten Lebenstag bekam der Junge Blähungen, totales Stuhlverhalten und Hautausschlag. Da voll gestillt wurde, stellte die Mutter ihre Nahrung auf eine nicht blähende Kost um. Eine wirkliche Besserung gab es aber erst, als sie alles tierische Eiweiß weg ließ. Während dieser Zeit nahm die Mutter *Beech, Crab Apple, Holly, Olive* und *Star of Bethlehem.* Nach drei Monaten hörten die verbliebenen Restsymptome von allein auf.

Als Benjamin elf Wochen alt war, mußte sein Vater aus beruflichen Gründen umziehen. Sobald eine Wohnung gefunden war, sollten Mutter und Kind nachkommen. Benjamins Vater war bis dahin, wie die Mutter, ständig zu Hause und so für den Sohn immer verfügbar. Am zweiten Tag nach Vaters Abreise wurde Benjamin immer apathischer, bis er nur noch schlief, im Wachzustand unbeweglich dalag und wie blind wirkte. Weder fixierte noch lächelte er. Bei einer Untersuchung beim Kinderarzt wurde er als bewegungsgestört eingestuft. Bei einer weiteren Untersuchung im Kinderzentrum wurde die Diagnose „mittelschwere cerebrale Koordinationsstörung" gestellt. Alle getesteten Reflexe waren falsch und Benjamin war auf dem Stand eines vier bis sechs Wochen alten Babys. Von diesem Moment an mußte mit dem Baby vier mal täglich ca. 45 Minuten Voita geturnt werden. Voita ist eine Therapie, bei der die falschen Bewegungsmuster gehemmt und richtige Muster angebahnt werden. Man versucht also das Gehirn wieder auf den „richtigen Weg" zu bringen. Da das Kind dabei eine bestimmte Haltung von der Mutter (Therapeut) gehalten werden muß, aus der heraus es nur eine Bewegung, nämlich die richtige gibt, ist dies für das Kind mit großen Anstrengungen, Zwang und Ängsten verbunden. In dieser Zeit hat Benjamin *Star of Bethlehem* und *Rock Rose* bekommen.

Gleichzeitig wurde eine Reinkarnationstherapie, Fußreflexzonen-massage, Yin-Yang-Massage und homöopathische Leberstärkung durchgeführt. Zwei Wochen später war eine Wohnung gefunden und die Familie wieder komplett.

Die Voita-Therapie wurde nach sechs Wochen gegen den Willen des Kinderzentrums abgebrochen. Seit die Familie wieder zusammen wohnte, ging es mit Benjamin wieder bergauf.

Die Blütenessenzen in dieser Zeit waren: *Chestnut Bud, Dandelion* und *Walnut.*

Benjamin hat früh krabbeln und mit neun Monaten laufen gelernt, er ißt selbständig und redet munter drauf los. Er spielt ausdauernd. Einziges Problem: er schläft nicht durch, wacht mehr oder weniger häufig nachts mit Weinen auf. Er wird dann gestillt und schläft schnell wieder ein.

Wenn jetzt Benjamins Vater einmal für eine Woche weg muß und Benjamin wieder mit Verspannung im Schulterbereich reagiert, dann bekommt er *Larch, Honeysuckle, Chestnut Bud* und Walnut.

Die einzigen Krankheiten im ersten Lebensjahr waren Erkältungen und Schnupfen, Husten und hohem Fieber. Sie traten meist auf, wenn der Vater nach einer längeren Abwesenheit wiederkam.

Fallstudien von Emily Whiteside Olson[3]

Fall Nr. 1, jugendliche Depression

Eingesetzte Blütenessenzen: *Aspen, Blackberry, California Wild Rose, Clematis, Fuchsia, Gorse, Manzanita, Mariposa Lily* und *Sticky Monkeyflower*

In der Sprechstunde erschien ein dreizehnjähriges Mädchen, das an schwerer Depression und Einsamkeitsgefühlen litt und den Wunsch hatte, die Schule zu verlassen. Es fühlte sich den Anforderungen, die der Druck der Altersgenossen und die Arbeit an der Schule an es stellten, nicht gewachsen. Es hatte eine sehr starke spirituelle Bindung, fühlte sich jedoch nicht verbunden mit ihrem Körper oder mit anderen Menschen, wie z. B. ihrer Familie. Das Mädchen hatte noch keine Menstruation und kam sich vor, als stammte es von einem anderen

---

[3] Emily Whiteside Olson betreibt eine klinische Praxis für Psychotherapie in Nevada City, Kalifornien. Sie hat ihre fast 20-jährige Berufslaufbahn dafür verwendet, um Probleme von Kindern und Familien zu verstehen.

Planeten. Zu seinen Eltern hatte es keine emotionale Bindung aufbauen können. Die Eltern hatten sich getrennt als das Mädchen vier Jahre alt war und es hatte das Trauma über das Verlassenwerden und die Trennung seiner Eltern noch nicht aufgearbeitet. Das Mädchen war sensibel und offen für die Blütenessenzen, die zusätzlich zur Jung'schen Sand-Spiel-Therapie und Gestalttherapie verabreicht wurden.

Als ersten Satz Blütenessenzen erhielt das Mädchen:

Gorse, um ihm zu helfen, mit dem Gefühl der Hoffnungslosigkeit fertigzuwerden,

Mariposa Lily gegen das Gefühl von Entferntheit und Entfremdung,

Blackberry, um ihm zu helfen, aktives Interesse für die Veränderung seiner Lage zu entfalten und

California Wild Rose, um mehr Positivität und Vitalität zu erlangen.

Nach zwei Wochen hatte sich ein bedeutsamer Wandel im emotionalen Zustand des Mädchens eingestellt. Es beschloß, in der Schule zu bleiben und erzählte, es habe neue Freunde gefunden – darunter einen Jungen. Es gab Anzeichen, eines neuen Selbstbildes, das es ihm erlaubte, sich im Umgang mit Gleichaltrigen positiver zu geben.

Nach einem Monat bekam das Mädchen zu den bisherigen Blütenessenzen *Clematis* um es dabei zu unterstützen, seine Neigung zu Introvertiertheit und Isolierung zu bekämpfen und es mehr in das Hier und Jetzt zu bringen.

Der zweite Satz Blütenessenzen vertiefte und verstärkte den Erfolg des ersten Satzes. Während es vorher als Schülerin versagt hatte, gelang es dem Mädchen jetzt unter die Eliteschüler aufgenommen zu werden. Früher war es ein extremes „Mauerblümchen" gewesen (sehr schüchtern) und nun nahm man es in die Theatergruppe seiner Klasse auf, um vor der ganzen Schule zu spielen (eine melancholische Rolle).

Nach drei Monaten Therapie gestand das Mädchen, daß es eine tiefe Furcht habe, es sei krank und werde sterben. Dieses Gefühl hatte es seit eineinhalb Jahren, hatte es aber noch niemandem mitgeteilt. Früher hatte es einmal eine Reihe von Ohreninfektionen gehabt, und das Erlebnis, wie es ins Krankenhaus mußte und zum Arzt war für das Mädchen zum Trauma geworden. In den letzten zwei Jahren war es nicht beim Arzt gewesen und es hatte ein wenig Angst einen Arzt zu besuchen. (Obwohl es andere Therapeuten nicht fürchtete. Ihre Mutter verwendete Homöopathie und arbeitete bei einem Akupunkteur).

Das Mädchen wurde zu einem Arzt überwiesen, um sicher zu gehen, daß es keine körperliche Krankheit hatte, besonders da es noch keine Menstruation hatte. Es brauchte aber ein Monat Psychotherapie bis es dem Therapeuten so vertraute, um seine Empfehlung, zum Arzt zu gehen, anzunehmen. Das Ergebnis der Untersuchung war, daß das Mädchen im allgemeinen gesund war, abgesehen von einer leichten Anämie.

Als Ergebnis dieser Untersuchung fing das Mädchen an, sich wirklich um seinen Körper zu kümmern. Ein tiefsitzendes Problem war, daß es sich häßlich fand. Es war mager und schlaksig, brauchte Hosenträger. Das Mädchen hatte eine sehr geringe Selbstachtung, besonders hin-sichtlich seines Körpers. Es war oft „aus seinem Körper heraußen" *(Clematis)* und hatte zu seinem Körper eine sehr negative Einstellung *(Manzanita)*.

Nach drei Monaten erhielt das Mädchen einen dritten Satz Blütenes-senzen:

Aspen gegen die Angst, auch daß mit seinem Körper etwas nicht stimmte;

Manzanita, um seinem Körper positiv anzunehmen und Ekel davor zu überwinden;

Fuchsia gegen unterdrückte Emotionen und weibliche Sexualität in Beziehung zu psychosomatischen Krankheiten. Seine Mutter war ihm nicht sehr feminin liebevoll zugewandt oder warm gewesen und die Gefühle des Mädchens in ihrem Körper waren sehr verkümmert.

Sticky Monkeyflower wurde gegeben gegen seine Verwirrung und Furcht vor Intimität.

Die Therapeutin hegte etwas Zweifel hinsichtlich des letzteren Mittels bei einem Teenager, glaubte aber doch, daß man es vertreten könne, da es zu ihr ein solch gutes Vertrauensverhältnis entwickelt hatte.

Während der nächsten Monate trat ein bedeutender Wandel bei dem Mädchen ein. Es hatte seine erste Menstruation. Dann ging es zu einem Reiterlager im Yosmite Park. Es fuhr ganz alleine und hatte eine wunderbare Zeit. In der Vergangenheit wäre das Mädchen dazu zu schüchtern und zu wenig selbstbewußt gewesen.

Die Therapeutin sah das Mädchen nach zwei Jahren (mit fünfzehn Jahren), als es zur Explorierung kam wegen seines Wunsches, eine Weile von der Schule wegzubleiben und zu reisen. Es arbeitete als Modell, was sehr bemerkenswert war, da es so abgetrennt von seinem Körper gewesen war. Es war eine sehr attraktive, schöne junge Frau geworden. Während des letzten High-School-Jahres war es Austausch-Schülerin in Dänemark gewesen und ehe es aufs College ging, arbeitete es ein Jahr als Kindermädchen, wo es ein kleines Kind auf wunderbar mütterliche Weise betreute.

Die Frau, die sie als Kindermädchen anstellte, war mit der Therapeutin befreundet und erwähnte dieser gegenüber, daß das Mädchen so mütterlich, anstellig und in seinem Körper da sei. Sie wußte nicht, daß es viele Jahre Therapie mitgemacht hatte. Das war eine bemerkenswerte Bestätigung des Wandels, den das Mädchen erlebt hatte; denn als es mit der Therapie anfing, hätte die Therapeutin es nie als Kindermädchen genommen, da es so ohne Bindung und mit seinem Körper nicht richtig verbunden war. Am Ende manifestierte das Mädchen die positiven Qualitäten der Blütenessenzen, wie *Mariposa Lily, Manzanita* und *Sticky Monkeyflower* (Sie hat jetzt mehrere junge Männer als Freunde und ist eine ganz attraktive junge Frau).

Fall Nr. 2, Lernprobleme

Ausgewählte Blütenessenzen: *Black Eyed Susan, Centaury, Columbine, Goldenrod, Gorse, Mariposa Lily, Sunflower* und *Wild Rose*

Mädchen, sieben Jahre alt.
Es kam zur Therapeutin, da die Lehrerin bemerkthatte, daß es Schwierigkeiten hatte, Informationen aufzunehmen, weil es Ausfälle hatte. Das Mädchen reagierte im „Zick-Zack", die halbe Zeit war es

„da", die andere halbe Zeit war es „weggetreten". Deshalb war es in seiner schulischen Aufnahmefähigkeit blockiert.

Mit dreieinhalb Jahren hatte man bei dem Mädchen Leukemie festgestellt und es erhielt Chemotherapie, wobei es alle Haare verlor. Im Jahr vor der Behandlung war alles abgeklungen. Zwei Wochen nachdem das Mädchen mit der Einnahme von Blütenessenzen begonnen hatte wurde es ärztlich untersucht. Das Ergebnis war, daß es gesund und stark sei und keine Anzeichen irgendwelcher Depression zeigte.

Als die Therapeutin das Kind das erste Mal sah, war es ein sehr zartes, engelhaftes kleines sehr ängstliches Mädchen. Es kam in Behandlung und konnte keines der angebotenen Spielzeuge wählen, um damit zu arbeiten (was sehr ungewöhnlich war). Es zog sich zurück und sagte nur „nein, nein, nein". Sein Körper zeigte Furcht und Verschlossenheit. Der Vater hatte berichtet, daß es Angst hatte, die Rutsche auf dem Spielplatz herunterzurutschen.

Der erste Satz Blütenessenzen war: *Mariposa Lily, Columbine, Sunflower, Gorse* und *Wild Rose (Bach)*. *Columbine* (Blütenessenz aus der Forschung) wurde ausgewählt, um sie mehr mit ihrem spirituellen Leben zusammenzubringen, um dieses mehr in den Körper zu ziehen. Die Therapeutin assoziierte bei *Columbine* Gnade, den Hl. Geist, das Bild der Taube und die Auferstehungskräfte von Ostern. Das Mädchen war am Rande des Todes gewesen und es wurde voll neuer Lebenskraft und kam auf die Erde zurück.

Seine Mutter bemerkte die Resultate sofort. Das Kind wandelte sich von einem furchtsamen verschlossenen Kind zu einem Mädchen, das überströmend sich verhielt und seine Eltern fast überwältigte, wenn es voller Freude in das Zimmer stürmte. Zwei Monate später sagte die Lehrerin, das Kind sei fröhlich, voll da, glücklich in der Schule und nehme am Schulleben teil.

Das Kind wurde zu einem Lomi-Therapeuten und Psychotherapeuten überwiesen, da es sehr viel physisches Trauma erlebt hatte, einschließlich Injektionen und langes Sitzen mit intravenösen Injektionen. Es hatte in seinem Körper viel Zorn und andere unterdrückte Gefühle aufgestaut und litt an einer Art posttraumatischem Streß.

Durch die Blütenessenzen, Körperarbeit und Sandspieltherapie fing das Mädchen an. schmerzliche Emotionen und Zorn freizulassen, zu fühlen, was es bedeutete, das Haar zu verlieren, und auch den Schrecken ihrer Eltern nachzufühlen und deren Angst, ihre Tochter zu verlieren.es hatte viel Angst ausgestanden, wenn es Medikamente nehmen mußte, aber die Blütenessenzen nahm es gern und erinnerte die Eltern, wenn es Zeit war dafür.

Der zweite Satz Blütenessenzen half dem Mädchen mit einigen tiefer begrabenen Emotionen. Die Blütenessenzen waren: *Goldenrod, Wild Rose, Mariposa Lily, Centaury* und *Black Eyed Susan.* Diese Blütenessenzen verursachten eine starke Reaktion, die den Eltern zunächst als Rückfall erschien. Das Mädchen hatte eine Woche lang schwere Alpträume, so als sei es verlassen worden und hatte lebhafte Erinnerungen an den Schmerz der i. v.–Nadeln. Emotional lage eine Depression auf der Stufe einer dreieinhalb Jährigen vor, wobei sie Probleme Grenzenziehung und Erprobung seiner Macht hatte. Die zeigten sich als Trotzverhalten, daß es sich z. B. weigerte, die Zähne zu putzen. Obgleich es für die Eltern schwierig zu akzeptieren war, war das Loskämpfen von den Eltern in Wirklichkeit eine gesunde Entwicklung. Ihre emotionale Regression war ein gesunder Prozeß zur Klärung des Verhältnisses zu den Eltern, wobei es Entscheidungsstadien durchschritt, die wegen ihrer Krankheit ausgelassen worden waren.

Nach ein bis zwei Wochen verschwanden die Alpträume und das Trotzverhalten, und seine Mutter bemerkte, daß es mehr die eigene Mitte fand und glücklich war, ihre eignen Energie besaß. Auch der Lomi–Körpertherapeut erwähnte, daß das Mädchen vorher so hypersensibel war, daß es es nicht zuließ, mit seinen Füßen oder anderen verletzbaren Stellen zu arbeiten, nun aber viel offener für Tiefenarbeit mit dem Körper war, und fähig war, Trauma und Furcht zu lösen, die in ihrem Körper festgehalten waren.

Das Mädchen wurde nun in einen Gymnastikkurs gegeben, sodaß es Gelegenheit fand, zu anderen Kindern eine bindung aufzubauen, aus einem neuen Körpergefühl heraus.

Fall Nr. 3, Mangel an Selbstliebe und Selbstdisziplin

Ausgewählte Blütenessenzen: *Centaury, Golden Ear Drops, Mariposa Lily, Pomegranate*

Die Mutter des Mädchens aus Fall Nr. 2. Auch sie wollte Blütenessenzen, da ihre Tochter in eineinhalb von wenigen Wochen solch überwältigenden Fortschritt gemacht hatte. Die Mutter erhielt Lomi-Körperarbeit, zusammen mit ihrer Tochter. Der Körpertherapeut fühlte, daß die Mutter unbewußt ambivalente Gefühle gegen ihre Heirat hegte. Der erste Satz Blütenessenzen war: *Mariposa Lily, Pomegranate, Centaury* und *Golden Ear Drops.* Ihre Hauptprobleme waren die Kommunikation in ihrer Ehe und unterdrückte Emotionen, die sie auf das Kind projizierte. Sie fand, daß die Wurzel ihrer Probleme in Mangel an Selbstliebe und Selbstdisziplin lag. Auch hatte die Körpertherapie Gefühle aus ihrer frühen Kindheit hochgebracht.
Sie gestand dem Therapeuten, daß die Wahl von Pomegranate ein seltsames Zusammentreffen war. Sie hatte in ihrem Kühlschrank zwei vergammelte Granatäpfel, die sie für sich und ihre Tochter gekauft hatte, aber sie hatte sie nicht aufgetischt, weil sie so viel emotionalen Schmerz aus ihrer Kindheit hochkommen ließen. Sie erinnerte sich, wie ihr Vater mit ihr und der jüngeren Schwester Granatäpfel aßen. Ihre Schwester war der Liebling des Vaters und sie selbst fühlte sich von ihrem Vater zurückgewiesen.
Die Frau hatte auch immer einen Kampf geführt zwischen ihrer Aufgabe als Mutter und äußerer Kreativität, die sie ausdrückte durch Entwerfen von Stoffpuppen. Sie führte auch einen Konflikt zwischen ihrem Sexualtrieb und ihrer Weiblichkeit.
Als bei ihrer Tochter die Diagnose auf Leukämie lautete, wollte sie eigentlich, daß ihr Ehemann bei ihr sein sollte, um sie zu trösten. Aber sie projizierte auf ihn ihre Wut und wies ihn zurück. So gab es in der Ehe viele Konflikte, während das Kind an Leukämie litt. (Wenn das Kind eine Krise durchmacht, müssen die Eltern auf das Kind in sich achten, da sie sonst ihre eigenen Emotionen nach außen projizieren).

Nachdem sie die Blütenessenzen eine Woche lang genommen hatte, bemerkte sie, daß ihre Periode, die gewöhnlich eine schwierige Zeit für sie war, ihr weniger zu schaffen machte, und daß sie ihre Gefühle bewußter wahrnahm.

Fall Nr. 4, Kommunikation

Ausgewählte Blütenessenzen: *Borage, Lavender, Sage, Star Thistle* und *Yerba Santa*

Der Vater des Kindes, das Leukämie hatte (Fall Nr. 2).
Wie seine Frau, so kam auch er um Blütenessenzen, weil er so beeindruckt war von den Fortschritten seiner Tochter. Er litt an einer körperlichen Behinderung wegen eines Unfalls und klagte häufig über körperliche Schmerzen und Beschwerden. Durch die große Sorge über die Krankheit der Tochter, hatte er es versäumt, seiner Ehe Aufmerksamkeit zuzuwenden, wodurch jene litt.
Der erste Satz Blütenessenzen war: *Borage, Star Thistle, Lavender, Yerba Santa* und *Sage*. Bald nachdem er begonnen hatte die Blütenessenzen einzunehmen, berichtete er, daß er ein Kommunikationstraining in seiner Ehe praktizierte. Auch freute er sich, daß er nun mit seiner Frau sehr schöne Stunden verbrachte, die nicht nur mit den Bedürfnissen der Tochter ausgefüllt waren.

Fall Nr. 5–8, Tod der Mutter

Drei Kinder und der Vater, die Mutter war vor sechs Monaten gestorben.
Der Vater, ein Lehrer kam im Herbst am ersten Schultag in die Sprechstunde. Seine Frau war im Juni am Ende des Schuljahres gestorben. Sie starb auf eine allergische Reaktion hin auf etwas, das

sie gegessen hatte an Asthma. Sie hatte vier Jahre lang an Asthma gelitten, hatte Schwierigkeiten beim Atmen.

Die Familie hatte keine Hilfe gehabt, keine Therapie seit dem Tod der Mutter. Er kam um Hilfe für die Kinder, war jedoch selbst auch tief im Kummer verstrickt.

Fall Nr. 5, Symptome von Asthma

Ausgewählte Blütenessenzen: *Blackberry, Goldenrod, Mariposa Lily* und *Yerba Santa*

Mädchen, neuen Jahre alt. Es war die älteste Tochter. Bei ihrem ersten Sandkastenspiel schuf sie eine Szene, in welcher sie eine Gaststätte als Teil der Miniaturszene darstellte. Zunächst leugnete sie, daß es einen besonderen Grund gäbe für die Gaststätte, aber später gestand sie, daß sie bekümmert war darüber, daß ihr Vater trank (Die Therapeutin konnte dann den Vater darüber in seiner eigenen Sitzung fragen).

Als das Mädchen fünf Jahre alt war, hatte die Therapeutin es schon einmal kurz behandelt. Damals litt das Kind unter Asthma (ehe noch die Mutter selbst ein Asthma–Fall wurde). Die Eltern hatten gegenüber Blütenessenzen Vorurteile, aber sie willigten ein zu einem Versuch. Das Mädchen erhielt damals *Yerba Santa,* was ihr eine große Hilfe war. Die Therapeutin erfuhr davon erst, als der Vater sie nach dem Tod der Mutter wieder zur Therapie brachte. Weil die letzte Therapie so gut gewirkt hatte, war der Vater nun sehr offen gegenüber allem, was die Therapeutin verordnete.

Nach dem Tod der Mutter zeigte das Mädchen wieder Symptome von Asthma. Ihr erster Satz Blütenessenzen war *Yerba Santa, Mariposa Lily, Goldenrod* und *Blackberry.* Eine Konsultation nach zwei Wochen zeigte auf, daß viele vergrabene Emotionen an die Oberfläche kamen. Das Mädchen wollte einen Tag in der Woche zu Hause bleiben, um sich mit ihren Gefühlen zu befassen. Die Therapeutin billigte diesen Plan. Seine Atmung besserte sich und sein Gesicht bekam mehr Farbe.

Es hegte großen Zorn über den Verlust seiner Mutter. In seinem letzten Sandkastenspiel wurde es augenscheinlich, daß es immer noch eine magische Tür suchte, um seine Mutter wiederzufinden. Nachdem das letzte Kind geboren war, hatte die Mutter stark zugenommen. Sie nahm Stereoide gegen ihr Asthma, was für ihren Mann sehr belastend war. Das Zimmer des Mädchens war direkt neben dem Elternzimmer und sie hörte eine Menge von den Ehekonflikten während der Krankheit der Mutter. Es befürchtete damals, die Eltern würden sich scheiden lassen und wahrscheinlich empfand es den Tod als eine Art Verlassenwerden.

Das Mädchen war die beste Freundin seiner Mutter gewesen und fühlte sich ihr sehr nah, hatte aber keine Bindung zum Vater. Nachdem es die Blütenessenzen nahm, entwickelte es eine stärkere Bindung zum Vater, war zu ihm offener, sprach mit ihm und nahm echten Kontakt zu ihm auf.

Fall Nr. 6, Verneinung

Ausgewählte Blütenessenzen: *Chamomile, Gorse, Manzanita* und *Mariposa Lily*

Sie die war munterste, anziehendste und fröhlichste der drei Töchter. Sie begegnete dem Trauma durch Verneinung: „Alles ist in Ordnung". Während der ersten Therapiesitzung war sie sehr außerhalb ihres Körpers. Das war gleich nachdem sie aus der Intensivstation der Klinik herauskam, weil sie das Kinn aufgesplittert hatte. Sie war ein „Unfaller" und war offensichtlich sehr durcheinander, ihre Gefühle anifestierte sie als Schmerz.

Die für sie ausgewählten Blütenessenzen waren: *Mariposa Lily, Chamomile, Manzanita* und *Gorse*. Sie ist nun heraus aus dem Zustand der Verneinung, fühlt den seelischen Schmerz und gesteht den Verlust der Mutter ein. Sie scheint sich alleine „durchzuwursteln".

Zinnia   *Zinnia elegans*   *Zinnie*

Fall Nr. 7, unkontrollierte Gefühlsausbrüche

Ausgewählte Blütenessenzen: Gorse, *Mariposa Lily, Star Tulip, Wild Rose*

Mädchen dreieinhalb Jahre alt. Es ist die jüngste Tochter und die einzige, die sich wirklich konkret mit dem Schmerz befaßte. Jeden Abend nach dem Essen ging sie auf ihr Zimmer und fing an zu wüten, zu schreien und zu brüllen und das Bett zu schlagen „Wo ist meine Mammi? Ich brauche meine Mammi! Holt mir meine Mammi wieder!" Der Vater war in Sorge und war hauptsächlich wegen dieser Tochter zur Therapie gegangen. Sie agierte in der Tat den Schmerz und Zorn der ganzen Familie und drückte ihn aus. Die älteren Familienmitglieder waren von ihren Gefühlen zu weit abgeschnitten, während sie ihren kindlichen Zorn nicht kontrollieren konnte. (In einer Art magischem Weltbild haben kleine Kinder oft ein Allmachtsgefühl und meinen, wenn sie nur zornig genug werden, könnten sie bekommen, was sie wollen).

Die Therapeutin riet dem Vater, der schon nicht mehr aus noch ein wußte, das Kind zu halten, damit es seine Gefühle erleben könnte, der „Behälter" zu sein, damit es sich nicht verlassen fühlte. Es brauchte wirklich jemanden als Stütze bei sich und es war wichtig, daß der emotionale Prozeß, den es durchmachte, nicht blockiert würde.

Die erste Blütenessenzmischung war *Mariposa Lily, Star Tulip, Wild Rose* und *Gorse. Star Tulip* wurde gegeben, um das Mädchen in Verbindung mit seinem spirituellen Wesen zu bringen, damit es mit dem Trauma, daß ihre Mutter tot war, fertigwurde. Es sollte auch befähigt werden, zu ihrer Mutter in spirituelle Verbindung zu kommen, damit es schließlich akzeptieren konnte, daß sie nicht mehr lebte.

In ihrem ersten Sandkastenspiel hatte das Mädchen eine Geschichte geschaffen, in der das Baby starb und es bat die Therapeutin, die Mutter zu sein und sich um das tote Baby zu kümmern. (Das stellte einen Teil seines Selbstes dar, das gestorben war, als die Mutter starb).

Nachdem es die Blütenessenzen einnahm, nahm die Zahl seiner Wutausbrüche ab und hörte schließlich auf. Das Mädchen kam so weit,
daß es den ganzen Tag ruhig alleine spielen konnte.
Es ist möglich für ein so kleines Kind, auf solch ein Trauma mit
einem psychotischen Schub zu reagieren. Mit Hilfe der Blütenessenzen
konnte es jedoch eine Bindung zur Therapeutin, zum Vater und zu
ihrer Kinderfrau herstellen. In seinem letzten Sandkasten hatte es eine
Arche und richtete darin für alle Tiere ein sicheres Plätzchen ein. Die
Arche stellte einen neuen Anfang, neues Leben dar. In seinem letzten
Sandkasten bringen ein Arzt und eine Schwester heilende Medizin
(möglicherweise stellt diese Blütenessenzen dar). Es gibt da Fische
(stellen das Selbst dar), die sterben, wenn sie nicht ins Wasser getan
werden (stellt die Emotionen dar).

Fall Nr. 8, Kummer über den Verlust des Partners

Ausgewählte Blütenessenzen: *Coulumbine, Gorse, Pink Yarrow* und
Star Tulip

Mann sechsunddreißig Jahre alt. Er ist der Vater der drei behandelten
Mädchen, dessen Frau an Asthma gestorben war. Nach dem Tod seiner
Frau begann er zu trinken, obgleich er vorher nicht getrunken hatte.
Das kam in der Therapiesitzung seiner Tochter ans Licht (Siehe Fall
Nr. 4). Er war früher schon einmal vom Rauchen losgekommen, hatte
aber einen Rückfall, so daß er wieder zu Rauchen anfing. Früher
einmal hatte er Blütenessenzen abgelehnt, aber er wurde willens, „alles
zu versuchen", besonders nachdem bei seiner Tochter so eindrucks-
volle Ergebnisse erzielt wurden.
Seine erste Blütenessenzkombination war *Gorse, Star Tulip, Columbine* und *Pink Yarrow*. Er war sehr sensibel und *Star Tulip* und
Columbine wurden gegeben, um ihn in Verbindung zu seinem
spirituellen Wesen zu bringen und auch um mit seiner Frau in
Träumen in Kontakt zu kommen. Es ist oft für das Heilen von

Kummer hilfreich, wenn man mit dem Verstorbenen in Verbindung tritt.

Bei der nächste Konsultation nach vierzehn Tagen berichtete er, er sei einer Nichtrauchergruppe beigetreten, und daß er mit einem Freund ein Konzert besucht und so seine soziale Isolation durchbrochen habe. Er bemerkte, daß er mit seinen Kindern nach der Schule körperlich gespielt habe, was er seitdem die Frau tot war, noch nicht getan hatte. Er fing auch an, in der Schule mit seinen Schülern spielerischer zu verfahren.

Die Familie kommt gut zurecht und nimmt an einer Kummer–Gruppe am örtlichen Hospiz teil.

Zur Methode der Auswahl der Blütenessenzen durch Emily Whiteside–Olson.

Die Blütenessenzen wurden intuitiv ausgewählt, indem eine Gralsschale vorgestellt wird und von den Devas oder der spirituellen Energie der Blüten Hilfe erbeten wird. Die Therapeutin sieht und/oder hört den Namen der Blüte. Sie fragte, warum sie nicht die herkömmlich für Kummer zutreffenden Blütenessenzen benannt bekomme. Die Antwort war, da sie mit den Kindern Sandkastenspiele ausführe, wären die Blütenessenzen für tiefliegende Lebensprobleme gewählt, anstatt nur für den Kummer selbst.

Schlußbemerkungen

Blütenessenzen sollen immer mit Achtung und Ehrerbietung betrachtet, hergestellt und verordnet werden, da ihre speziellen Qualitäten nie auf abstrakte Formeln oder Aufzählungen reduziert werden können. Sie sind großartige Gaben der Natur, welche verantwortungs- und liebevoll, jedoch niemals wahl- und gedankenlos eingesetzt und genommen werden sollen. Letztendlich erfordert jede Situation die kunstvolle Beurteilung und Auswahl dessen, der die Erfahrung hat.

Aufgeschlossene liebevolle Betreuer lernen sehr schnell die seelischen Verbindungen zwischen Umwelt und Körperausdruck der Kinder zu erkennen. Sicher können wir unsere Kinder nicht unter einer Glasglocke abschirmen, aber wir können ihnen helfen, mit der Natur und ihren Gesetzen in Einklang zu kommen und ihr Bewußtsein dafür zu wecken. Möge uns jede Begegnungen tiefer in die Seele des Kindes und das Wesen der Blütenessenzen führen.

Wir hoffen, daß wir Ihnen hiermit einige der zahlreichen Möglichkeiten mitteilen konnten, die dieser sanften Therapie innewohnen, indem wir die Erkenntnisse über die Qualitäten der Blütenessenzen und die Fallstudien verschiedener Therapeuten zusammengefaßt haben.

Du mein Kind und ich Dein Wesen,
das Du wähltest um zu sein,
wollen leben und genesen,
mildern dieses Daseins Pein.

Joanna Stadler

Quellenhinweise

Katz Richard/Kaminski Patricia: *Blütenessenzen – Repertorium ihrer Wirkungsweisen;* Laredo Verlag, München 1988
Katz Richard/Kaminski Patricia: *Flower Essences – Body–mind Wellness Through Natures's Linving Archetypes;* Flower Essence Services, Nevada City 1990
Kaminski Patricia: *Helping Today's Child: The Magic of Flower Essences;* Flower Essence Services, Nevada City 1987

Literatur über Blütentherapie

Albrodt Dirk: *Gesund durch Blütenessenzen;*
Laredo Verlag, München 1990
Bach Edward: *Gesammelte Werke;*
Aquamarin Verlag, Grafing 1988
Bach Edward: *Blumen, die durch die Seele heilen;*
Heinrich Hugendubel Verlag, München 1981
Bach Edward/Petersen Jens–Erik R.: *Heile dich selbst mit den Bachblüten;* Knaur Verlag, München 1988
Barnard Julian: *Blüten für die Seele;*
Integral Verlag, Wessobrunn 1987
Blome Götz: *Mit Blumen heilen;*
Verlag Hermann Bauer, Freiburg 1985
Chancellor Philip M.: *Das große Handbuch der Bachblüten;*
Aquamarin Verlag, Grafing 1988
Damian Peter: *Astrologie und Bach–Blütentherapie;*
Aquamarin Verlag, Grafing 1987
Lindenberg Anne: *Bach–Blütentherapie für Haustiere;*
Econ Taschenbuch Verlag, Düsseldorf 1988
Katz Richard/Kaminski Patricia: *Blütenessenzen – Repertorium ihrer Wirkungsweisen;* Laredo Verlag, München 1989

Kraaz Ingrid S./von Rohr Wulfing: *Die richtige Schwingung heilt;*
  Goldmann Verlag, München 1989
Kräftner Hildegard: *Die californischen Blütenessenzen;* Selbstverlag,
  Steyerberg 1987
Krämer Dieter: *Neue Therapien mit Bachblüten;*
  Ansata Verlag, Interlaken 1989
Scheffer Mechthild: *Bach Blütentherapie;*
  Heinrich Hugendubel Verlag, München 1981
Scheffer Mechthild: *Erfahrungen mit der Bach Blütentherapie;*
  Heinrich Hugendubel Verlag, München 1984
Scheffer Mechthild: *Selbsthilfe durch Bach Blütentherapie;*
  Wilhelm Heyne Verlag, München 1988
Scheffer Mechthild: *Original Bach Blütentherapie;*
  Jungjohann Verlagsgesellschaft, Neckarsulm 1991
Vlamis Gregory: *Die heilenden Energien der Bach–Blüten;*
  Aquamarin Verlag, Grafing 1987
Weeks Nora: *Edward Bach;*
  Heinrich Hugendubel Verlag, München 1988

englischsprachige Literatur:

Evans Jane: *Introduction to the Benefits of Bach Remedies*
Flower Essence Society: *Flower Essence Repertory,* Nevada City, USA
Flower Essence Society: *Affirmation Brochure,* Nevada City, USA
Gurudas: *Flower Essences and Vibrational Healing*
Kaminski Patricia: *Helping Today's Child: The Magic of Flower
  Essences,* Nevada City, USA
Wheeler F. J.: *The Bach Remedies Repertory*

Adressen der Hersteller der Blütenessenzen

Bach-Blütenessenzen:

Bach Flower Remedies Ltd.
Dr. E. Bach Centre
Mount Vernon, Sotwell Wallingford
Oxfordshire, OX10 OPZ, Great Britain

Julian Barnard
Healing Herbs
P. O. Box 65
Hereford, HR2 OKW, Great Britain

Phytomed Armand Kilchher
CH-3415 Hasle bei Burgdorf
Schweiz

Kalifornische Blütenessenzen:

Flower Essence Services
P. O. Box 1769
Nevada City, CA 95959, USA

Bezugsadressen und -bedingungen für Blütenessenzen über den Verlag.

Dirk Albrodt

Gesund durch Blütenessenzen

Handbuch Kalifornischer Blütenbehandlung

Nach Jahrzehnten der Erforschung und Etablierung der Bach–Blüten-therapie ist nun die Zeit gekommen, weitere Erkenntnisse über die Heilkraft der Blüten zu suchen. Wie kann man das Spektrum der Möglichkeiten der Bach–Blüten erweitern? Gibt es Aspekte, die früher einen weniger großen Stellenwert in der Beurteilung von Blüten hatten, die heute aber beachtet werden sollten? Welche von Bach nicht benutzten Pflanzen verfügen dennoch über heilende Kräfte. Und welche sind für die Gegenwart, die Zeit des Umbruchs im Weltgefüge, besonders wichtig?

Das Buch „Gesund durch Blütenessenzen" faßt zum ersten–mal die Informationen über die „neuen" Blüten zusammen. Jede einzelne von ihnen wird mit ihren Besonderheiten vorgestellt. Dazu wird ein Sechs-Schritt–Auswahlverfahren beschrieben, mit dessen Hilfe der Anwender schnell und sicher die für ihn selbst oder für andere passenden Blüten herausfinden kann. Kombinationen zueinander passender Essenzen werden vorgeschlagen aber auch ergänzende Therapievorschläge gemacht, die die Wirkung der Essenzen verstärken können.

Ein Handbuch zum Kennenlernen der Kalifornischen Blütenessenzen, zum Lernen, zum Nachschlagen – ein Versuch, jeden auf die Möglichkeiten, die in ihm ungenutzt ruhen, aufmerksam zu machen und auf die Chance, diese Möglichkeiten leicht und sanft zu nutzen.

ISBN 3-927518-12-3 *LAREDO VERLAG*

Richard Katz/Patricia Kaminski

Blütenessenzen

Repertorium ihrer Wirkungsweisen

Sanfte Therapien nehmen mehr und mehr an Bedeutung zu. In der heutigen Zeit erkennt man dies an einer zunehmenden Anzahl von Veröffentlichungen über „Bach–Blüten", Blumen die durch die Seele heilen.

Blütenessenzen sind Katalysatoren für die Seele. Sie vermögen durch direkte und ausschließliche Einwirkung auf die Seele von Mensch, Tier und Pflanze, deren physische (körperliche) Leiden zu beeinflussen. Mehrmals am Tag angewendet, können sie unsere inneren Heilkräfte aktivieren.

Zur weiterführenden Forschungsarbeit über das Thema Heilung mit Blütenessenzen hat sich vor mehr als 10 Jahren in Kalifornien eine Gruppe interessierter Menschen unter der Führung eines Psychologen gebildet. Diese Gruppe hat seither eine große Zahl Blütenessenzen erforscht und über die Ergebnisse das „Flower Essence Repertory" geschrieben. Es wurde ein ausführliches Nachschlagewerk mit über 1 400 Eintragungen sowohl über die „Kalifornischen" als auch die 38 Bach–Blüten und ist vorzüglich zur sicheren Auswahl der richtigen Blütenessenzen sowohl für den Therapeuten als auch den Patienten geeignet.

Teil 1 des Repertoriums in deutscher Sprache gibt einen generellen Überblick über ca. 200 Symptomstichworte. Jeweils in kurzen Sätzen werden die „positiven" wie auch die „negativen" Qualitäten beschrieben.

Teil 2 enthält in alphabetischer Reihenfolge ca. 120 Blütenessenzen, sowie die Stichworte unter denen sie in Teil 1 zu finden sind und eine kurze Beschreibung ihrer Wirkungen.

ISNB 3-927518-00-X *LAREDO* VERLAG

Maruschi Adamah Magyarosy

Vom Ozean zum Gipfel

Teil 1: Unterwegs mit der Sehnsucht
Teil 2. Der Eremit und Ich

Maruschi Adamah Magyarosy beschreibt das Indien hinter dem Indien, gesehen, gehört, wahrgenommen mit anderen Augen, mit anderen Ohren, denn die Seele Indiens läßt sich weder „touristisch" noch durch „Guru-Shopping" erfassen. Sie will erlebt und erfühlt sein, mit dem ganzen Herzen, nicht nur mit den Augen. Und das ist ein Prozeß, der nicht in einer zweiwöchigen „Sight-Seeing-Tour" geschieht.
Über die Begegnung mit herausragenden spirituellen Persönlichkeiten und Lehrern erlebt M. A. M. ihre persönlichen Prozesse, die sie dem interessierten Leser in ihrer originellen Art und Weise mitteilt.
Besonders berührend ist der zweite Teil, die unmittelbare Begegnung mit dem Sannyasin, der ihr in persönlicher Weise das vermittelt, was sie zeitweise bereits auf ihrer äußeren und inneren „Pilgerreise" vom Ozean zum Gipfel erlebt hat. Sie erfährt eine innere Neuwerdung – und das wichtigste: Liebe kommt nicht von außen – sie ist weder an Normen, noch an Konfessionen, noch an Konventionen gebunden. Sie kennt kein Gesetz, kein Alter, kein Geschlecht, keine Rasse. Sie ist kein Spiel für Feiglinge und Schwächlinge. „Sie wird aus unserem Bewußtsein geboren. Sie kann nur in Freiheit bestehen und sich entfalten. Und doch verbindet sie alles... denn um der Liebe willen ist die Schöpfung entstanden und um der Liebe willen wird sie aufrechterhalten..."

ISBN 3-927518-11-5   *LAREDO* VERLAG

William P. Lambert
M.I.P.T.I., M.A.P.N.T.

Die menschliche Aura
Unser Lebensregenbogen

Das faszinierende Strahlen der menschlichen Aura kann so wunder-
schön sein, daß es jenseits einer adäquaten Darstellung mit weltlichen
Farben durch jeden Künstler liegt. Das kommt daher, daß die Aura in
ihrer Erscheinung lebendig ist, schwingt und sich irisierend in
Regenbogenartig strahlenden Farben entfaltet, die sich bewegen und
pulsieren. Die Aura offenbart die Qualität, den Fortschritt und die
Entwicklung einer Seele.
Das Buch enthält viele farbige Aurabilder und ist die Geschichte
eigener Erfahrungen eines natürlich-sensitiven Menschen, der im Jahr
1983 plötzlich entdeckte, daß er Aurabilder malen konnte. 1985
zeichnete er mit einemmal mit geschlossenen Augen ein vollständiges
Gesicht – in das Aurabild eines Patienten.
Seither hat man den Autor gebeten mehrere Tausend Auras, aus der
Inspiration heraus, zu malen. Diese Bilder entstehen in Verbindung mit
spiritueller Psychotherapie, um Probleme aus tieferen Ebenen des
Bewußtseins zu klären. Berücksichtigt werden auch die kosmischen
Gesetze.
William P. Lambert arbeitet sein 1970 als Heiler. 1976 trat er in das
College White Lodge (Ausbildungszentrum für Geistheiler in England)
ein. 1985 gab er seine berufliche Tätigkeit auf und arbeitet seither als
Lehrer für die White Lodge in England, Deutschland und Österreich.
William P. Lambert ist Gründer von „The Triad Center"in Horsham
und unterrichtet dort Heilen für den West Sussex County Council. Er
ist stellvertretender Vorsitzender der Sussex Spiritual Healers
Association mit über 600 Mitgliedern.

ISBN 3-927518-14-X LAREDO VERLAG

Dozent Dr. Karl Nowotny

Mediale Schriften

Mitteilungen eines Arztes aus dem Jenseits.

Dr. Karl Nowotny war Facharzt für Psychiatrie, Neurologie und Individualpsychologie an der Universitätsklinik in Wien. Zahlreiche wissenschaftliche Arbeiten wurden von ihm veröffentlicht. Nach seinem Tode meldete er sich über sein Medium Grete Schröder, um seine Vorträge niederzuschreiben.

Die „Medialen Schriften" wenden sich an jeden Menschen. In einfacher und klarer Sprache stellen sie die Zusammenhänge mit dem Jenseits dar und weisen Wege zu einer guten Lebensauffassung im Diesseits.

Themenschwerpunkte in Band 1

Geistwesen und geistige Tätigkeit.
Die kranke Seele als Ursache jeder Krankheit.
Freiheit des Willens und Persönlichkeit.
Zusammenwirken von Seele, Geist und Körper.
Die Seele, der Sitz des Gefühlslebens und Motor für alle Lebensäußerungen.
Von den äußeren Einflüssen auf die Seele. Besessenheit und ihre Heilungsmethoden.
Grundlagen für die Entfaltung der Lebenskraft.
Vom Hinübergehen ins jenseitige Leben und vom notwendigen Wissen um die Zusammenhänge.
Beschäftigung mit Spiritismus und ihre Gefahren.
Verkehr mit der Geisterwelt und ihre Gefahren.
Die mediale Betätigung und die Berufung dazu.

ISBN 3-927518-04-2  LAREDO VERLAG

Dozent Dr. Karl Nowotny

Mediale Schriften

Themenschwerpunkte in Band 2

Vom Schicksal und vom Schicksalhaften.
Suggestion und Autosuggestion.
Menschenkenntnis und ihre praktische Anwendung.
Wissen um die Zusammenhänge mit dem Jenseits als Grundlage für eine gesunde Lebensauffassung und Erziehung.
Die Einflüsse auf das Seelenleben und ihre Erforschung.
Der Einfluß des Außerirdischen auf die materielle Welt und die Entwicklung der Menschheit.
Erkennen der Ursachen psychischer Leiden und ihre Bekämpfung.

ISBN 3-927518-05-0

Dozent Dr. Karl Nowotny

Mediale Schriften

Themenschwerpunkte in Band 3

Unrichtige Auffassung vom Wert der triebhaften Liebe, ihre Gefahren und notwendige Aufklärung.
Über die Entartung durch Vererbung. Epilepsie und Multiple Sklerose und ihre Ursachen.
Hellsehen, eine mediale Fähigkeit.
Die Seele als Bindeglied zum geistigen Bereich.
Mut zur Wahrheit und seine Behinderung durch Milieu und Erziehung.
Armut und Reichtum als Basis für die Erfüllung der Lebensaufgaben.
Die Lüge, ein Attribut der Zivilisation.
Über die Irrwege abgeschiedener Geistwesen.
Über den Vorgang der Inkarnation.
Hysterie, ihre richtige Beurteilung und Behandlung.

ISBN 3-927518-06-9  *LAREDO VERLAG*

Gisela Friebel/Dr. med. Klaus Hoffmann

Nahrung für deine Seele

Die Autoren beschäftigen sich in ihrem Buch mit psychischen Erkrankungen aus der Sicht der Ganzheitsmedizin. Mit einer Fülle von Material legen sie dar, daß psychische Erkrankungen nicht Schicksal sind, sondern daß es mit den Methoden der Naturheilkunde gelingt, vielen dieser unter Allopathika zum Siechtum Verdammten zu helfen. Sie stellen das Problem „Psychische Erkrankung" mitten hinein in unsere heutige Situation der Umweltverschmutzung, Nahrungsmittelverfälschung, modernen, materialistisch ausgeprägten Lebensführung. Sie weisen nach, daß psychische Erkrankungen in den meisten Fällen nicht seelisch bedingt, sondern aus der Sicht dieser Problemkreise zu sehen und auch anzugehen sind.
„Nahrung für deine Seele" ist ein ungewöhnliches Buch. Es packt ein hochaktuelles Thema in unkonventioneller Weise an. Von Alkoholismus über Besessenheit, Depression, Paranoia, Ernährungsfehler, moderne Psychopharmaka, Vitaminmangelzustände bis hin zur Zöliakie wird abgehandelt, was für die Betroffenen interessant ist. Es ist in erster Linie eine Hilfestellung für verzweifelte Angehörige psychisch Erkrankter. Aber auch Therapeuten, die wirklich helfen wollen, können damit arbeiten. Die Autoren verweisen auf vollkommen neue Wege, die jeder gefahrlos gehen kann. Das Buch nennt die richtigen Nährstoffe und Verfahren, wie man psychisch Kranken wirklich helfen kann.
Da es sich hier um ein so brisantes Thema handelt, kommen auf weiten Strecken Experten zu Wort. Auch werden ganz konkrete Hinweise gegeben, wo man Hilfe bekommen kann.

ISBN 3-927518-13-1 *LAREDO* VERLAG